SAINDO DO ZERO
SAIBA QUAIS SÃO AS ATITUDES QUE ATRAEM MILHÕES

*Uma história verdadeira que vai ensinar
e inspirar você a se tornar um gigante!*

BRUNO GOMES

Copyright© 2023 by Literare Books International
Todos os direitos desta edição são reservados à Literare Books International.

Presidente:
Mauricio Sita

Vice-presidente:
Alessandra Ksenhuck

Chief Product Officer:
Julyana Rosa

Diretora de projetos:
Gleide Santos

Capa e projeto gráfico:
Gabriel Uchima

Diagramação:
Alexandre Alves

Revisão:
Rodrigo Rainho e Maria Catharina Bittencourt

Chief Sales Officer:
Claudia Pires

Impressão:
Gráfica Paym

Dados Internacionais de Catalogação na Publicação (CIP)
(eDOC BRASIL, Belo Horizonte/MG)

G633s Gomes, Bruno.
Saindo do zero / Bruno Gomes. – São Paulo, SP: Literare Books International, 2023.
208 p. : 14 x 21 cm

ISBN 978-65-5922-659-7

1. Autoconhecimento. 2. Transformação. 3. Técnicas de autoajuda. I. Título.

CDD 158.1

Elaborado por Maurício Amormino Júnior – CRB6/2422

Literare Books International.
Alameda dos Guatás, 102 – Saúde – São Paulo, SP.
CEP 04053-040
Fone: +55 (0**11) 2659-0968
site: www.literarebooks.com.br
e-mail: literare@literarebooks.com.br

MISTO
Papel produzido a partir
de fontes responsáveis
FSC® C133282

AGRADECIMENTOS

Impossível escrever o nome de todos que me apoiaram nesta jornada, algumas pessoas fizeram a diferença, meus pais, João e Dione, que são meus heróis e mentores. Deus que me fortalece nos momentos de dificuldade.

A principal responsável por este livro ter se tornado realidade é minha esposa Juliana Peroni, que sempre me apoiou em nossas viagens pelo mundo e nas nossas dificuldades. Minhas filhas são inspiração para tudo que faço, Emily e Emanuela, minhas princesas.

PREFÁCIO

Em meio a tantas histórias inspiradoras que cruzam nossos caminhos, nós nos deparamos com aquelas que realmente tocam nossa alma, nos despertando para uma nova perspectiva de vida. É com entusiasmo que apresento a você *Saindo do zero*, obra do autor Bruno Gomes, que traz consigo uma poderosa mensagem de transformação e descoberta do propósito de vida.

Diariamente, sou testemunha de inúmeros indivíduos que deixaram seus sonhos adormecerem diante das adversidades, enxergando suas vidas condicionadas às circunstâncias e os desafiando a acreditar que um futuro grandioso é possível por meio de suas decisões.

É exatamente sobre isso que Bruno Gomes nos convida a refletir em sua narrativa marcante. Sua história de vida, partindo de uma origem humilde em meio à favela, é um exemplo tocante de resiliência e superação. Enfrentando a doença, desafios profissionais e buscando novas oportunidades, Bruno encontrou um propósito maior ao ajudar o Sr. Zé a transformar sua própria vida.

Saindo do zero não é apenas uma obra sobre determinação e coragem, mas também uma jornada de autoconhecimento e despertar do poder do subconsciente. Através de suas páginas, somos instigados a refletir sobre nossas raízes, sobre como as experiências de infância moldam nossas escolhas e como podemos usar esse conhecimento para atrair uma realidade extraordinária.

SAINDO DO ZERO

A obra questiona o leitor a cada passo, estimulando-o a mergulhar em sua própria jornada interior em busca de um propósito significativo. Bruno nos conduz por meio de exercícios transformadores que ajudam a desvendar o propósito de vida e a compreender o que precisamos fazer para atrair as oportunidades que tanto almejamos.

Ao seguir e aplicar os ensinamentos deste livro em seu dia a dia, você desbravará um caminho de mudança e prosperidade que talvez jamais tenha imaginado ser possível. Prepare-se para colher resultados que irão surpreender e inspirar sua vida.

Nas páginas de *Saindo do zero*, você encontrará não apenas uma história, mas um guia para transformar sua trajetória e descobrir a força interior que o impulsionará a atrair milhões de possibilidades.

Que essa jornada de autodescoberta e realização possa ressoar em sua alma, impulsionando-o a sair do zero e trilhar um caminho grandioso.

Mohamed Gorayeb
Criador de mais de 1.000 técnicas de vendas | Autor *best-seller* do livro *Receba mais sim e menos não* - SENAC | Mentor de Vendas | Treinou mais de 1,2 milhão de pessoas presencialmente.

SUMÁRIO

- **INTRODUÇÃO** 9
- **CAPÍTULO 1** O propósito 11
- **CAPÍTULO 2** *Branding* pessoal 51
- **CAPÍTULO 3** O poder das conexões 87
- **CAPÍTULO 4** Tribo 123
- **CAPÍTULO 5** *Headline* 151
- **CAPÍTULO 6** Tempo é energia 179
- **CONCLUSÃO** 205

INTRODUÇÃO

— Não é possível que a vida seja só isso!
— Como assim, Bruno?
— Será que a vida é só isso: trabalhar a vida inteira, pagar os boletos e ficar o fim de semana em casa?
— Você tem que arrumar uma namorada, cara, pare de pensar nessas coisas.
— Para quê? Para viver essa mediocridade com ela? Não!

No bairro mais pobre da cidade, o jovem não tinha nada para sair daquele lugar, ao mesmo tempo sabia que tinha tudo o que precisava ali dentro mesmo da sua casa simples e com o amor dos pais.

Indignado, faz uma promessa a si mesmo:
— Eu vou ser mais do que isso. Muito mais!

Dezesseis anos depois...

— Eu vou morrer! Eu vou morrer!
"Mas eu só tenho 33 anos!"
— Eu vou morrer, doutor? Eu tenho duas filhas pequenas!

No que parecia ser o auge de sua carreira profissional, Bruno descobre que a empresa pela qual se dedica totalmente não se importou com o momento mais difícil de sua vida.

— Vocês vão me ajudar?

9

— *Não!*

O menino outrora pobre, de uma família simples, motivado pelos pais a estudar e empreender, descobriu seu próprio caminho na prática, na dor do ganhar e perder sem medo algum.

Agora, internado num hospital por quinze dias, passa por uma experiência única e inimaginável em sua vida:

— *Você vai ficar aqui, na enfermaria!*

"Depois de tudo o que conquistei na vida..."

Ao lado de um homem mais velho, que acabou de tentar o suicídio, o jovem profissional bem-sucedido vai tentar convencê-lo a não atentar novamente contra a vida.

— *Você não pode morrer!*

— *A vida é minha, eu faço o que quiser!*

— *Mas e se eu ajudar você a mudar a sua vida completamente?*

— *Como assim?*

Um belo romance baseado em fatos verídicos, este livro não é só uma história emocionante e cheia de aprendizados, mas um verdadeiro manual sobre a vida e para a vida.

O jovem bem-sucedido, que não tinha nada para dar certo, descobriu em seu próprio caminho os seis passos que o tiraram da pobreza para um lugar incomum e almejado por todos: o lugar do sucesso, da prosperidade e da plenitude de ser quem se é.

Leia, aprenda, se emocione e se conecte com a história real daquele que vem por meio deste livro compartilhar com você o caminho para a maior transformação da sua vida!

1 O PROPÓSITO

"UM HOMEM SEM PROPÓSITO É COMO UM NAVIO SEM LEME."

THOMAS CARLYLE

CAPÍTULO 1

O PROPÓSITO

Afinal, o que é o propósito de vida? Por que todo mundo fala disso hoje em dia?
Vamos ao dicionário!

Propósito: *intenção de fazer algo, aquilo que se busca, objetivo, intuito.*

Sendo assim, propósito de vida é aquilo que se intende fazer na vida.

Já reparou que tem gente que parece nascer sabendo o que vai ser quando crescer? É mais ou menos isso. Tem gente que, desde criança, afirma que vai ser médico e vive para isso e morre atuando na Medicina, satisfeito por ter feito o que sempre quis.

Por outro lado, tem gente que passa por três, quatro, cinco profissões diferentes, até compreender o que traz satisfação à sua vida. E, infelizmente, tem gente que morre sem nunca sequer ter questionado o que deveria fazer para ser feliz.

Para quem se lembra, o famoso publicitário brasileiro Washington Olivetto, um dos três sócios da agência de publicidade W Brasil, das mais premiadas em todo o mundo, quando liberto de um sequestro, fez a seguinte afirmação em uma entrevista:

– *Eu tive a sorte de saber o que queria fazer da vida aos dezessete anos de idade!*

Washington sabia que tinha um propósito de vida e isso o permitiu encontrar o seu caminho ainda jovem.

E mais: ele sabia do tamanho da sorte que tinha por possuir essa informação dentro de si. Essa é a felicidade ou a infelicidade de muitos.

Quem não gostaria de nascer sabendo o que tem de fazer na vida para se sentir no caminho certo? Essa foi a fortuna do publicitário! E não nascer numa família rica ou num determinado local ou período da humanidade. Bem-aventurança é saber o que fazer com o próprio destino! Isso é propósito de vida!

— *Ah, Bruno, quer dizer que propósito de vida é o que a gente faz no trabalho?*

Não necessariamente. Tem gente que nasce querendo ser mãe, faz de tudo para isso e ainda adota crianças que não puderam ficar com seus pais. Outros são tão altruístas que passam a vida em projetos sociais ou mesmo dentro de casa cuidando dos seus. Propósito é o que faz o seu coração bater mais forte, na batida perfeita!

E não importa qual seja seu propósito de vida, ele tem que fazer sentido para você e ninguém mais. Lembra de quando você era adolescente e possivelmente você queria fazer as coisas de forma diferente de tudo aquilo que seus pais lhe diziam? Isso é indicação de que você já sabia do seu propósito, porque quando sabemos dele, a opinião dos outros simplesmente não importa. E não tem mesmo que importar!

Quer ser cabeleireiro? Seja! Dançarino? Dance! Jogador de futebol? Goleie Deus e o mundo! Quer vender churros na praia? Venda! Você quer simplesmente ter uma família? Tenha! Mas trabalhe e honre seus compromissos!

Propósito é aquilo que traz sentido à vida, o que faz você levantar com vontade numa manhã fria de inverno e aquilo que dorme e acorda pensando. Propósito lateja em você, corre em suas veias, assim como correu na alma de seus ancestrais.

Lembre-se: *"Há mais coisas entre o céu e a terra do que pode imaginar nossa vã filosofia."* (William Shakespeare).

Se você ainda não encontrou o seu propósito, não se desespere. Nas linhas da minha história, é provável que você encontre! Porque

CAPÍTULO 1

na compaixão de nossas dores e experiências é onde encontramos as nossas respostas. Abra-se para isso! Permita-se ser inspirado. Para depois inspirar!

Todos nascemos iguais, sem saber para onde ir, você determina seu destino.

A oportunidade poderá provocar medo e mudanças em você, mas ainda assim, respire e aceite o desafio!

Se for para dar duro na vida e seu eu puder lhe dar um conselho, compreenda o seguinte: melhor então que o seu caminho possa levá-lo para a riqueza!

Quando você encontrar algo que funcione, foque todas suas energias em multiplicar esse negócio.

Está pronto?

O hospital

– Ai, meu Deus! Ai, meu Deus!
"Eu vou morrer, Senhor?"
– Calma. Você já vai ser atendido.
Os enfermeiros correm com a maca até uma sala.
Eu grito e gemo de dor:
– Ai, ai, ai...
Meu peito vai explodir.
"Socorro, meu Deus! Eu não quero morrer!"
O médico chega:
– Qual o seu nome, rapaz?
– Bruno!
Ele abre os meus olhos com as mãos e verifica a minha língua.
– Desde quando você está assim?
– Hoje é a segunda vez, fiquei assim dois dias atrás, na virada do ano.
– E você não fez nada?
Ele continua mexendo em mim e recebe informações das enfermeiras, eu prossigo:

– Eu estava na praia, doutor, numa barraca, sozinho.
Ele fica olhando para mim, imóvel agora.
"Não tenho condições de explicar. A família toda estava na praia, eu estava com dor e fiquei em casa, na barraca. Não ia atrapalhar o réveillon da família..."
O médico coloca o equipamento de medir a pressão em volta do meu braço e olha atentamente, até visualizar o resultado:
– Você vai morrer, rapaz!
"O quê?"
– Como assim, doutor? Eu não posso morrer. Eu só tenho trinta e três anos.
– Vamos ver o que podemos fazer.
Ele dá uma ordem para as enfermeiras:
– Levem ele para a UTI.
"Unidade de Terapia Intensiva? Eu vou mesmo morrer?"
– Mas, doutor, eu nado três quilômetros por dia, sou jovem, sarado. Não pode ser...
Ninguém me ouve.
Ainda no caminho, recebo uma injeção e tento acompanhar a movimentação e vozes ao meu redor, mas tudo vai sumindo, sumindo, sumindo...

Uma dificuldade pode ser um potente combustível!

O que você faria se fosse obrigado a encarar a morte aos trinta e três anos de idade e descobrisse uma doença incurável que o impossibilitaria de fazer vários tipos de movimentos pelo risco de morte? Você desistiria? Deixaria de praticar todo e qualquer esporte? Você se entregaria à depressão, como se lhe tivesse sido decretado o fim?

É certo que cada ser humano reage de uma maneira quando se vê numa situação de vulnerabilidade, assim como quando se depara com problemas, dificuldades e sofrimentos da vida. Alguns se retraem, enquanto outros se expandem, utilizando da iminência da morte como combustível de vida.

CAPÍTULO 1

Assim também pode ser feito com os percalços. Por que não os transformar numa fonte de energia? Se você sente decepção, por que não buscar uma forma de não mais se decepcionar, ao invés de remoer a frustração? O mesmo pode ser feito com a tristeza e a falta de perspectiva. Tudo depende da forma como decidimos encarar uma situação.

É claro que não é um processo fácil, mas pode ser um exercício, que você escolhe a cada dia, melhorando seus hábitos e os tornando positivos.

No *best-seller O poder do hábito*, de Charles Duhigg, temos a possibilidade de compreender como os hábitos se formam. Percebemos que muitos de nossos costumes são apenas o resultado de pequenos hábitos diários, que fazemos por motivos que nem percebemos. Quando começamos a prestar atenção às nossas pequenas atitudes, descobrimos a sua origem e criamos o poder de transformar nossos atos em algo melhor, e repetindo-o a cada dia. Hábitos são mutáveis e, ainda que pequenos, transformam toda uma vida.

Você é capaz de mudar seu modo de pensar?

E de agir?

Quem tem medo da morte? A maioria de nós!

E quem tem medo da vida? A maioria de nós!

Você só morre quando seu coração parar, nunca é tarde para recomeçar

– Pi..., pi..., pi...

Movo o pescoço de um lado para o outro.

"Onde eu estou?"

Aos poucos vou me recordando.

"O hospital, a dor no peito... Eu sobrevivi?"

Estalo os olhos:

– Eu tô vivo!

Olho para os lados, tentando celebrar com alguém:

– Eu tô vivo!

Mas não tem ninguém.
– Pi... pi... pi...
Vejo algumas máquinas ao meu redor, o braço com soro e um tubo no nariz.
– Mas o quê...?
Uma enfermeira chega:
– Você acordou, Bruno?
Fico olhando para ela, aguardando mais informações.
– Faz algumas horas que você está na UTI, está tudo bem, viu? Mas você deve ficar mais alguns dias.
– Mais dias? O que eu tenho?
Ela checa algumas coisas em mim e vai saindo da sala:
– O médico já vem falar com você.
Dou uma boa olhada em meu entorno:
– Obrigado, Senhor! Por minhas filhas e pela Ju! Obrigado!
Respiro fundo e fico olhando para a janela.
– Pi... pi... pi...

As coisas podem ser bem piores do que você pensa, porém sempre existe uma saída

O médico entra na sala, sorridente, me cumprimentando:
– Muito bem, Bruno. Agora você vai ficar bem, rapaz!
Eu olho para ele, sem dizer nada.
Ele para ao meu lado:
– Como você se sente?
– Bem.
Ele me examina e observa as informações no painel dos aparelhos.
– O que eu tenho, doutor?
– Você teve uma embolia pulmonar e estava próximo de ter um infarto.
– Eu não entendo.
Ele fala em linguagem de médico:

CAPÍTULO 1

— A embolia pulmonar ocorre quando um coágulo entope um vaso do pulmão, impedindo a passagem de sangue, causando a morte progressiva da parte afetada, resultando em sintomas como dor ao respirar e intensa falta de ar, e levando a um infarto, você estava prestes a morrer!

Suspiro.

"Jesus amado!"

— É grave?

Ele balança a cabeça para cima e para baixo:

— Vamos ter que investigar o motivo, provavelmente você tenha Fator V Leiden. Não tem cura, mas você vai ficar bem.

"Como assim, não tem cura e eu vou ficar bem?"

Fico de olhos arregalados, o encarando. Ele explica um pouco mais:

— É uma espécie de hemofilia, seu sangue cria vários coágulos ou quando a trombose dura por muito tempo, causa a embolia maciça ou infarto pulmonar. Dessa forma, o tromboembolismo pulmonar é uma condição grave que, sempre que for suspeitada, deve ser avaliada e tratada o mais rápido possível com medicamentos diretamente na veia, oxigênio, isso que estamos fazendo com você. Dessa vez você escapou!

Eu arregalo os olhos ainda mais:

— E agora, doutor?

— Você vai precisar tomar um anticoagulante, provavelmente para o resto da vida, e cuidar para não se cortar.

— E se eu me cortar?

— Você corre para cá.

— Só isso?

Ele respira fundo e volta a falar:

— Você teve sorte, Bruno, chegou aqui tendo um infarto, quase morreu. Seu sangue estava todo coagulado, grosso, seus pulmões estavam parando.

Eu me sento na cama, olhando para ele, que continua:
— A partir de agora, você vai tomar um anticoagulante para o resto da vida.
— É o suficiente?
— Para não morrer? É para ser.
"É para ser?"
Suspiro.
A enfermeira entra novamente no quarto e se aproxima:
— Hora do anticoagulante.
E levanta a minha camisola e começa a limpar a pele do canto do meu abdômen.
— Injeção na barriga?
— Sempre na barriga.
Observo a enfermeira e pergunto para o médico:
— Posso ir para casa?
— Não, você ainda vai ficar na UTI alguns dias, seu sangue tem que voltar ao normal e temos que dosar o remédio. Depois disso, você vai para o quarto.
— Aiii – sinto a picada da agulha. – Mas quanto tempo vai ser isso?
— Umas duas semanas.
— Duas semanas? O que eu vou fazer até lá?
— Agradecer a Deus é uma boa ideia.
"Não acredito!"
Olho para a enfermeira:
— E minha esposa? Minhas filhas?
— Quando você for para o quarto vai poder receber visita.
Olho de novo para o médico:
— Eu vou ficar sozinho aqui?
Ele balança a cabeça:
— Com Deus, Bruno! Com Deus!
E sai.

CAPÍTULO 1

A importância do silenciar

Eu não sei se aquele médico tinha fé em Deus ou se estava simplesmente sendo sarcástico comigo, mas, de fato, ele me deu um bom conselho. O estar sozinho, em silêncio durante quase quinze dias por vários momentos, me permitiu refletir sobre a vida e tudo o que tinha vivido até ali. Embora fosse jovem, eu já tinha vivido muito. E depois dessa experiência, tudo mudou.

Segundo Eckhart Tolle, autor do *best-seller O poder do silêncio*, as soluções sempre aparecem quando saímos do pensamento e ficamos em silêncio, absolutamente presentes, ainda que seja só por um instante. Ainda segundo o autor: *"Quando cada célula do seu corpo estiver tão presente que você a sente vibrar de vida, e quando sentir cada momento dessa vida como sendo a alegria do Ser, então poderá dizer que está livre do tempo. O problema não são as contas de amanhã. A morte do corpo físico não é um problema. A perda do Agora é que é o problema, ou antes, a ilusão central que transforma uma mera situação, um simples acontecimento ou uma emoção, num problema pessoal e num sofrimento. A perda do Agora é a perda do Ser. Estar livre do tempo é estar livre da necessidade psicológica do passado para formar a sua identidade e do futuro para atingir a sua realização pessoal. O melhor indicador do seu nível de consciência é a maneira como lida com os desafios da vida quando eles surgem".*

Você já passou por algo assim? Um acontecimento, que tirou você do lugar e o fez rever tudo o que estava vivendo para decidir se continuaria naquele mesmo ponto ou não?

Quando a vida nos impõe barreiras ou situações as quais ficamos impotentes, sem qualquer possibilidade de reação, é sinal de que ela está nos dando uma chance de rever as nossas escolhas.

Estar face a face com a morte me fez perceber que eu não estava realmente no melhor caminho. E o silêncio para estar com Deus me fez enxergar algo melhor para mim. Ainda que eu não tivesse certeza de que futuro eu teria a partir dali, sabia que Deus me ampararia.

Se Ele me permitiu quase morrer, é porque tinha algo ainda melhor para me oferecer! Você está trilhando o caminho que você quer? E se sua vida estivesse acabando hoje, você estaria completo?

Valorize cada pessoa que você encontrar ao longo da sua jornada

Os dias passam e eu acabei de ser transferido para o quarto.

"Quarto não, né? Porque isso aqui é, na verdade, uma enfermaria."

– Tudo bem, Bruno? – a enfermeira pergunta.

– Cadê a minha esposa?

– Ela deve chegar no horário de visita.

De repente, outra maca entra na sala, com um homem gritando:

– Eu não quero ficar aqui. Eu quero morrer, já disse! Eu tenho o direito de morrer.

"Jesus, Maria, José!"

Fico olhando as enfermeiras o colocarem na cama e amarrarem seus braços.

"Eu não acredito que vou ficar com esse cara no quarto!"

A enfermeira dá uma ordem para ele:

– Seu Zé, se acalme, senão vamos dar um sossega leão no senhor!

Ele fala alto ainda:

– Mas eu não quero ficar aqui.

Do nada, ele olha para mim:

– E você? Está olhando o quê? Nunca viu um homem querer morrer?

De repente, percebo que meus problemas parecem menores do que antes.

"Eu não vou morrer!"

Suspiro e me acalmo, apesar da movimentação do novo colega de quarto.

As enfermeiras começam a sair e eu pergunto:

– Vocês vão deixar essa pessoa aqui, assim?

CAPÍTULO 1

– Não se preocupe, ele já fica quieto. Estamos por aqui.
Sinto um certo desconforto de ficar sozinho com o tal Seu Zé.
Ele bate os braços contra a cama e reclama:
– Porcaria!
Ele bufa.
Decido perguntar:
– Porque o senhor quer morrer, Seu Zé?
Ele vira o rosto para a janela e de alguma maneira, minha pergunta o acalma.
– Não tenho motivo para viver.
– Como não?
Ele faz uma cara feia e responde:
– Eu sou velho, não tenho dinheiro, ninguém me dá emprego e não tenho mais esposa. Não quero ser um peso na vida dos meus filhos.
Olho bem para ele.
"Ele não parece velho."
– Quanto anos o senhor tem?
– Cinquenta e quatro.
Eu falo alto, descontraindo:
– Isso não é velho, Seu Zé!
Ele me olha irritado:
– E quantos anos você tem, ô... ô...
– Bruno! – me apresento – trinta e três.
Ele resmunga:
– Fácil para você falar isso. Aposto que é bem de vida.
– Sou mesmo, mas fui um menino bem pobre. Vim da favela.
Ele me olha de novo, da cabeça aos pés:
– Duvido...
– Não duvide. E se quiser eu posso te ajudar.
Ele levanta o corpo na cama, todo empolgado:
– Você me ajuda a dar fim na minha vida?
Bato a mão na testa:

— Não, Seu Zé! Eu te ajudo a viver, cara!
Ele joga o corpo na cama outra vez:
— Não... não é isso que eu quero.
Encho o peito de ar e tenho uma ideia:
— Quantos dias o senhor vai ficar aqui?
— Ah, eu sempre fico uma semana, pelo menos.
"Oi?"
— Como assim, sempre? Não é a primeira vez que o senhor tenta se matar?
Ele faz bico e olha pela janela.
"Não acredito. Que pepino!"
Eu continuo:
— Me dá uns dias para eu fazer o senhor mudar de ideia!
— Como assim?
— Eu vou ensinar ao senhor os seis passos que vão mudar a sua vida.
Ele me encara, desconfiado:
— Hum... passos?
Assinto:
— Depois disso, eu tenho certeza de que o senhor vai ser outra pessoa. E vai querer seguir em frente!
Ele me olha de forma sarcástica:
— E se eu não mudar de ideia, você me ajuda a me matar?
"Ai, meu Deus do céu! O doido..."
— Eu não vou ajudar o senhor a se matar!"
Ele vira de costas para mim:
— Então, nada feito!
Eu falo alto:
— Seu Zé, me dá uma chance?
— Não!
Eu insisto:
— Seu Zé, eu sei como ajudar o senhor a transformar a sua vida. Totalmente.

CAPÍTULO 1

Ele propõe de novo:
– Só aceito o acordo, se você me ajudar a me matar.
– Mas vai dar certo.
Ele volta a se virar na minha direção:
– Então, aceite!
"Ai, meu Deus do Céu!"
Balanço a cabeça, concordando.
"Deus me ajude!"
– Tá bom, Seu Zé, eu ajudo o senhor a se matar, se não der certo.
– Combinado!
"Não acredito!"

Nunca julgue ninguém!

Quem nunca pensou em desistir da vida que atire a primeira pedra!

Eu senti pena do Seu Zé, mas ao mesmo tempo não achava que tinha cabeça para lidar com aquela situação num momento em que eu estava aliviado de não ter morrido.

Como assim, o cara quer morrer? Eu querendo lutar pela minha vida e ele querendo acabar com tudo. Nunca vou aceitar alguém que queira dar fim na vida, minha mente só pensava em fazer algo para fazê-lo mudar de ideia.

Se anteriormente eu sugeri que podemos transformar momentos de dificuldade em combustível para algo positivo, foi isso o que decidi fazer em relação a essa pessoa.

Mesmo que num primeiro momento eu tenha tido vontade de fugir dali, vi que tinha algo para aprender com a situação, eu não queria, mas aceitei. E reverti essa história para algo que mudou não só a minha vida, mas a de um ser humano inestimável: o Seu Zé!

Então, me acompanhe!

Coloque ao seu lado pessoas nas quais você pode confiar nos momentos mais difíceis

— Bruno, Bruno, meu amor!

Minha esposa entra correndo no quarto, rapidamente chega até mim e me abraça.

— Eu tô bem, Ju!

Ela fica um tempo abraçada comigo e depois me olha nos olhos com o rosto molhado.

Eu repito:

— Eu tô bem, amor. Cadê as meninas?

— Estão com a minha mãe, elas estão bem.

A gente se abraça de novo.

"Obrigado, meu Deus, pela minha família!"

— Eu achei que ia morrer, Ju.

Ela suspira:

— Eu sei.

Percebo que o Seu Zé fica olhando para mim e minha esposa, mas depois ele vira o rosto para a janela.

— Ju, não veio ninguém me visitar ainda.

— Seus pais vão chegar.

Suspiro:

— Mesmo assim, cadê o pessoal do trabalho?

Ela balança a cabeça, sem saber o que dizer e muda de assunto:

— Você emagreceu, Bruno.

Eu toco minha barriga:

— É? Alguma coisa boa aconteceu aqui? – rimos.

Ela toca meu cabelo e aponta para o Seu Zé com a cabeça:

— E tudo bem ali?

Dou uma espiada de leve. Ele continua olhando pela janela.

— É, acho que tudo bem.

Ela cochicha:

— Mas ele está amarrado.

Respondo baixinho:
– Logo não vai estar mais.
"Você não tem ideia do acordo que fiz com ele."
– E se eu não conseguir?
– Conseguir o que, Bruno?
"Ops!"
– Nada, não, Ju. Você falou com o médico, já sabe que dia eu vou sair daqui?
– Ele acha que ainda vai uns cinco dias.
– Cinco dias, além de hoje, Ju?
Ela assente.
"É, em alguns dias mais hoje, eu mudo a cabeça do doido!"
Suspiro e fico conversando com ela.
A enfermeira entra para mais um medicamento.
– Com licença, Bruno, esse remédio aqui vai ajudar você a relaxar, tá?
– Mas eu estou relaxado.
Ela ri e me ignora, aplicando o tal remédio no soro.
– Você pode se sentir sonolento. Aproveite para descansar.
Eu não respondo e fico olhando o soro caindo lentamente.
Abro a boca:
– Mas que sono. O quê?
Olho para a Ju, mas meus olhos vão ficando cada vez mais pesados.

O propósito pode fazer você mudar de ideia

Eu estou correndo na minha rua, admirando as árvores e grito:
– Eu não morri!
"Eu sabia que não ia morrer!"
Estou cheio de vida!
"É incrível!"
– Eu não morri! Acorda, povo!
Olho no relógio e vejo que são seis horas da manhã.

"Como as pessoas podem acordar tão tarde? O tempo é precioso. Eu não entendo!"

Continuo correndo e observo meus pés.

"A alegria de estar vivo, meu Deus!"

Paro e abro os braços para o céu, falando bem alto:

– Obrigado, Senhor!

Sinto alguém me tocando.

"Mas não é possível!"

– Acorda, cara!

"Oi? Ju?"

Olho para trás, não tem ninguém, mas sinto que tem alguém me cutucando.

– Acorda!

Abro os olhos.

"Eu estava sonhando..."

Lembro que ainda estou internado e vejo o meu companheiro de enfermaria em cima de mim:

– Me ajuda!

"Caraca!"

Chacoalho a cabeça para acordar e tentar entender o que está acontecendo:

– Mas você está solto agora? Quem soltou você?

– Eu me soltei!

"Oi?"

Eu me sento na cama, enquanto o Seu Zé se aproxima da janela e bate no vidro:

– Como você se soltou?

– Eu fui rasgando a faixa com os dentes, oras.

"Jesus amado!"

– E o que você quer?

Ele olha pela janela, põe as mãos na cintura e fala sério:

– Bolei um plano!

CAPÍTULO 1

"Ai, meu Deus! Plano, cara? Que plano? Nós estamos num hospital."
– Se você me ajudar, eu consigo pular daqui, olha! Vem cá!
– Você é louco?
Ele concorda movendo o queixo para baixo.
– Vem cá!
Ele me puxa da cama, carregando o meu soro.
Eu me sinto obrigado a seguir com ele até a janela.
– Olha, dá para pular daqui!
"É doido!"
– Nós temos um acordo, lembra?
Ele responde:
– Lembro, mas se você não conseguir, você ficou de me ajudar!
Coloco a mão na testa.
"Onde eu fui amarrar meu burro?"
Respiro fundo, antes de falar e toco seu ombro, para que ele preste atenção em mim:
– Seu Zé, vamos conversar?
Ele me encara:
– Quê?
– Qual é o seu propósito de vida?
– Nem sei o que é isso.
Aponto para as poltronas do quarto:
– Vamos sentar, vai?
"Percebo que estou um pouco fraco para ficar em pé, descalço, com o doido segurando meu soro e com a bunda de fora nessa camisola horrorosa."
Ele aceita meu convite e eu sigo falando, enquanto me sento:
– Vem, Seu Zé, eu vou explicar o que é propósito para o senhor.
O doido senta e fica olhando tudo ao nosso redor.
"Será que está explorando maneiras de se matar aqui dentro, meu Deus?"
Continuo:

— Propósito, Seu Zé, é aquilo que move a vida da gente, o que dá sentido à vida.

Vejo ele encher o peito e soltar devagar.

"Parece que se acalmou!"

Está pensativo. Eu me calo e aguardo, até ele dizer alguma coisa:

— Eu não sei se tenho propósito, Bruno.

— Todo mundo tem, Seu Zé! Vamos descobrir o seu.

— Para você é fácil dizer isso.

— Por que você diz isso?

Ele gesticula com a mão:

— Olha para você, é bonito, rico, bem-sucedido. Eu sou um pobre coitado, velho.

— Mas até a gente receber alta, você não vai ser mais.

Ele entorta a boca, fazendo bico:

— Vai me dar dinheiro?

— Não, a gente vai conversar.

Ele balança a cabeça para os lados. Eu continuo:

— Eu vim de família pobre, Seu Zé, morava numa casa que mal tinha parede.

— Como assim?

Eu me ajeito na poltrona e viajo no tempo, pronto para reviver a minha própria história.

Propósito de vida

Você entende o que é propósito de vida? Conhece o seu? Se a resposta for sim, saiba que você é uma pessoa privilegiada, pois a maioria não compreende sequer o significado dessa palavra e menos ainda o impacto que ela tem sobre a vida de cada um.

E não importa que não se sabia sobre os demais, mas é essencial se saber o propósito individual, pois é ele que dá sentido à vida.

Uma pessoa sem propósito é, sim, alguém que perde a esperança mediante um grande problema, porque não tem um desejo en-

CAPÍTULO 1

raizado em si mesmo para superar obstáculos, sabendo o que quer alcançar em seguida.

Pense numa criança que sabe que vai ganhar seu doce preferido após sua lição de casa. Por mais que ela não goste disso e tenha dificuldades, ela tem um propósito, que é a recompensa após o sofrimento e dificuldade.

Se você compreende esse raciocínio para algo muito maior, pode perceber o impacto que o propósito e a falta dele fazem na vida de uma pessoa.

Pergunto mais uma vez: você conhece o seu propósito de vida?

Para que você tenha uma ideia do impacto que uma decepção pode ter na vida do ser humano, conto a história do Prêmio Nobel da Paz. Pouca gente sabe como esse prêmio surgiu e por quê. Sua origem é tão bonita quanto significativa.

O químico sueco Alfred Bernhard Nobel, nascido em 1833, ficou milionário com a invenção da dinamite, mas sua invenção começou a ser utilizada para morte e destruição, em ataques de guerras.

Em 1888, um jornal francês o apelidou de mercador da morte, algo que o teria feito se sentir culpado. Com isso, Alfred Nobel decidiu criar o Prêmio Nobel para compensar o mal que o uso da dinamite trouxe à humanidade.

Ele pediu em testamento que sua fortuna fosse destinada a premiar pessoas que, no ano anterior, tivessem realizado algo benéfico à humanidade. Ele veio a falecer em 1896. Cinco anos depois da sua morte, a fundação que administra seus bens criou o prêmio com seu nome e realizou seu pedido final. Desde 1901, comissões de intelectuais se reúnem todo ano e elegem os vencedores do Prêmio Nobel em Literatura, Paz, Física, Química e Medicina e Fisiologia.

(Fontes: Museu Nobel (www.nobel.se); 'The Nobel Prize: The First 100 Years', de A.W. Levinovitz e N. Ringertz)

Nobel carregava a culpa de sua invenção ter sido utilizada para algo destrutivo e quis compensar o fato, a partir de um novo propósito de vida. Que mudou a forma como era visto e fez com que seu nome pudesse ser lembrado de outra forma.

Propósito de vida é algo que nos conecta profundamente a algo dentro de nós mesmos!

O que há em você que o conecta com o que faz ou deseja fazer na vida?

Sonhe os sonhos dos seus

Eu tenho uns seis anos, estou em casa com meus pais.

"Como eu posso me lembrar tão bem desse dia?"

Meu pai está sentado e fala cheio de certeza para a minha mãe, que está andando pela cozinha:

– Eu ainda vou para os Estados Unidos, meu amor!

Minha mãe ri:

– Mas, João, a Polícia Federal e o consulado acabaram de mandar você embora, não aceitaram os documentos que você apresentou, e eles viram que você foi de Fusca, sabem que você vai trabalhar e não fazer turismo. Negaram seu visto.

– Daqui um tempo, eu tento de novo.

Ela continua rindo, pega um papel da mesa e balança a cabeça para os lados:

– João, olha a qualidade desses documentos! – ela cai na gargalhada.

Meu pai responde timidamente:

– Eles riram de mim também.

Minha mãe se abaixa e fica mais próxima a meu pai:

– A polícia riu de você, João?

– Riu.

Ela põe o papel na mesa e fica com as mãos na cintura:

– E você vai voltar lá outra vez?

Meu pai não responde. Minha mãe dá um beijo no rosto do meu pai, olha para mim e fala comigo:

– Está vendo, meu filho? A importância de estudar nessa vida.

CAPÍTULO 1

Eu não sei o que responder. Ela continua, até afagar meu cabelo levemente:

– O que muda a nossa vida é o estudo, filho. E depois uma boa ideia para criar uma empresa.

Meu pai me olha e acrescenta:

– E ir para os Estados Unidos, filho!

"Meu pai sempre quis ir para os Estados Unidos. Sempre!"

No momento certo, você vai realizar todos os seus sonhos, é questão de *timing*, se você não desistir de lutar

Eu tenho cerca de dez anos, estou no mercadinho do meu pai, que está atendendo a alguns clientes.

Suspiro:

– Ai, ai...

Os clientes saem e ele se aproxima de mim no balcão.

Eu desabafo:

– Eu queria ter uma vida normal, pai.

– Como assim, Bruno?

– Normal, pai, com você e a mãe em casa.

Ele põe uma mão na cintura e fica me olhando, sem dizer uma palavra.

"Gosto tanto de ficar com meus pais."

Tento explicar um pouco mais:

– No mercado, vocês estão sempre trabalhando.

Eu tiro o caderno da mochila e mostro para ele as opções de viagem de fim de ano, da escola:

– Aqui, pai, eu vou nessa daqui.

Ele pega o papel da minha mão e entorta o pescoço para o lado:

– Você não vai querer ir para o Beto Carrero?

– Não, pai, eu vou nessa outra, que é aqui do lado da cidade.

Meu pai é eletricista, sonha em ir para a Terra do Tio Sam, no momento tentava a sorte empreendendo com um mercadinho, e eu, mesmo pequeno, sabia que as coisas não iam tão bem assim.

— E você vai na viagem aqui do lado, Bruno?
— Vou!
— Bom, pelo menos é a mais barata!
"Essa é a ideia, pai!"
"Beto Carrero é meu sonho, mas é muita coisa para o meu pai pagar. Um dia, eu vou ajudar ele."

A intenção do mercadinho até era boa, mas meu pai vendeu o negócio depois de um bom tempo.

Momentos em família, esses irão ficar para sempre em sua mente!

Eu estou em casa com a minha mãe. Ela está arrumando o meu cabelo na frente de um espelho pequeno:
— Mas você é a cara do seu pai, filho.
— Ainda bem, né, mãe?
Ela ri:
— Verdade! Quando eu estava grávida, seus avós diziam que você não era filho do seu pai e eu implorava para Deus que você nascesse a cara dele.

Fico todo cheio.

Minha mãe belisca minha bochecha de leve:
— E olha aí, a cara do seu pai!
Eu rio.
Fico olhando para ela, pensativo.
Ela repete algo, que sempre diz:
— Tudo que a gente precisa é ter uma boa ideia para montar um negócio, Bruno.
— Mas o pai sempre diz que o que transforma a vida é o estudo, mãe.
Ela me encara séria:
— Isso mesmo. E quando você terminar seus estudos, tem que pensar em algo para ser seu!
— Tá bom, mãe.

CAPÍTULO 1

"Um dia eu vou ter tanto dinheiro que meus pais não vão mais precisar trabalhar desse jeito. Ainda mais, só para pagar contas."

Olho para a primeira parede de tijolos da casa:

– Quando meu pai vai fazer a outra parede, mãe?

Ela suspira:

– Quando der, filho. Quando der.

Penso nos cupins que tomaram conta da nossa casa de madeira. Sussurro:

– Acabaram com tudo.

Meu pai levou um ano para levantar todas as paredes no lugar das de madeira. E o chão ficou de terra batida, por muito, muito tempo.

A família como base do sucesso

Qual a importância da sua família na sua vida? E dos seus pais?

É a maturidade que faz com que a maioria de nós perceba os nossos pais, avós, bisavós e toda a ancestralidade com a devida importância que eles possuem. Não se trata apenas de respeito, mas do próprio conhecimento da vida.

"Honra teu pai e tua mãe, para que os teus dias se prolonguem na terra que o Senhor teu Deus te dá."

Quanto mais honramos e reverenciamos os que vieram antes de nós, mais bênçãos somos capazes de alcançar e de receber.

Se você tem um problema com seu pai hoje, o melhor conselho que posso lhe dar é: resolva! Perdoe, compreenda, aceite! A vida é curta demais para que tenhamos uma vida cheia de emaranhados familiares em vez do amor que flui.

Você ama a sua mãe de verdade? Ou carrega mágoas e julgamentos sobre o passado que teve com ela?

Todos somos passíveis de erros e acertos, inclusive os pais, que sempre fazem o que podem pelos filhos, considerando o que receberam de seus pais. Ninguém dá o que não tem.

Viva sua vida, sempre na gratidão do que seus pais puderam

fazer por você e não no que não puderam ou deixaram de fazer, seja pelo motivo que for.

A vida flui para quem honra os seus!

O conhecimento vai levar você para o próximo nível

Eu estou chegando à escola com a minha bicicleta.

– E aí, Bruno? – meu amigo me cumprimenta. – Por que você vem de *bike* para a escola?

"Para economizar para o meu pai." Era isso que eu pensava.

– Ah, eu gosto de pedalar.

– Mas você mora a quantos quilômetros daqui?

– Cinco!

– Caraca!

Vejo todos os meus colegas chegando de carro, mas eu não me importo.

"Um dia, eu vou ajudar meu pai!"

– Você vai à festa que a escola está organizando no fim de semana?

Balanço o pescoço para os lados e não respondo.

"Claro que não, não vou fazer meu pai gastar com essas coisas."

– Por que, Bruno?

– Não estou com vontade.

– Hum.

Penso na mensalidade da escola mais cara da cidade em contraste com o bairro mais pobre onde eu moro.

"Coitado do meu pai. Um dia, eu vou ajudar ele!"

Meu colega volta a falar comigo:

– Você viu aquela série na TV a cabo que te falei?

"Eu não tenho TV a cabo."

– Ah, não deu tempo. Fiquei estudando.

Meu colega continua falando da série, sem ter noção do que se passa de verdade na minha cabeça.

– Você precisa ver, Bruno. É irado!

CAPÍTULO 1

– Tá.

Penso no sacrifício que meus pais fazem para mim e meu irmão estudarmos nessa escola.

"Tento ajudar quietinho, sem falar nada."

Suspiro.

Ele conta outra novidade:

– Eu comi um lanche irado naquele restaurante novo que abriu na praça, você já foi?

"Restaurante? Eu? Nunca!"

– Ainda não, quando eu for, eu te falo.

"Meus pais pagaram um curso de computação caro para mim, mas no fim do ano, ficam apertados com dinheiro, cheio de contas para pagar, sempre ficam prestações da escola para pagar."

Volto a pensar no meu futuro.

"Um dia, eu vou ter muito dinheiro! E vou ajudar meus pais!"

Consciente × inconsciente

Você compreende que nós, seres humanos, somos regidos muito mais por nossa mente inconsciente do que pela mente consciente? O que isso quer dizer? Nossa mente se divide em razão e emoção, sendo a razão a mente pensante, que produz dezenas de pensamentos por minuto, milhares durante um único dia, enquanto a mente inconsciente se manifesta pelas emoções em nosso corpo.

Nossas memórias ancestrais, coletivas e mais remotas ficam no inconsciente, regendo o que fazemos, sem que possamos nos dar conta disso. Leva-se muito tempo para essa compreensão. O que chega por meio de estudo e autodesenvolvimento.

Segundo Freud, o pai da Psicanálise, nossa mente inconsciente exerce um papel fundamental em nossa vida.

Por que estou escrevendo sobre isso?

Veja! Eu passei toda a minha infância sofrendo por ver o esforço de meus pais para pagar a melhor escola para mim e para meu irmão. Eu renunciava a tudo para não ser um peso ainda maior para eles, criando em mim um desejo e força extraordinários, que me tirariam totalmente daquele padrão financeiro, no futuro.

Sem saber, eu usei o inconsciente a meu favor.

Você sabe se está usando a sua mente inconsciente a seu favor ou contra você?

O quanto daquilo que você faz hoje está pautado em traumas da infância? Ou dores que você carrega, sem perceber, que estão latentes em sua memória inconsciente?

Como descobrir isso? Fique em silêncio o tempo que for necessário. Depois analise as relações que tem com seu pai, sua mãe e com as memórias e dores de infância. Com isso, você começará a perceber que muito do que você é e faz está diretamente conectado ao que viveu quando criança e a como se relaciona com seus pais ainda nos dias de hoje. Transforme essa reflexão em hábito!

Escreva tudo o que perceber, se sentir vontade. Tudo o que traz luz à sua consciência será resolvido a partir deste momento, que se trata de um despertar, uma nova percepção sobre você mesmo e a sua história.

Um problema só é um problema quando não estamos cientes dele. A partir do momento que o percebemos, começamos a agir em prol de sua solução! E ele simplesmente desaparece com o tempo!

Escolhas não são eternas

Depois de formado no curso técnico em mineração, estou em casa, chorando as pitangas para a minha mãe.

– Eu não consigo arrumar emprego, mãe.

– Calma, Bruno, a vida é assim mesmo, não é tão fácil conseguir emprego.

– Mas eu estudei, mãe, me esforcei tanto. Já faz seis meses.

"Meus amigos vão rir de mim, estão todos trabalhando."

– Eu vou te ajudar, filho.

CAPÍTULO 1

– Como?
– Vou mandar seu currículo para alguns lugares.
– Tá bom, mãe.
Respiro fundo.
"Eu quero ganhar dinheiro! E vou ganhar!"
Você pode mudar as escolhas que fez, nunca é tarde para seguir um novo caminho.

Novos ambientes trazem percepções de um novo mundo! Prove o novo!

Graças à ajuda da minha mãe, consegui o meu primeiro estágio na Petrobras, o menino do bairro simples faz sua primeira viagem.

Eu estou em São Mateus do Sul (PR), num restaurante junto com o meu chefe, que me explica como segurar o garfo e a faca:

– É assim, Bruno, olha!

Eu o imito e ele me explica um pouco mais:

– A carne vem à mesa, é só esperar.

"Nossa!"

Percebo que estou inseguro e maravilhado ao mesmo tempo. Eu nunca fui a uma churrascaria e nem tinha passado a noite em um hotel antes.

"É tudo tão chique!"

Vejo os garçons chegando com a carne e mal posso acreditar.

"Quanta fartura!"

Quando o tempo de estágio acaba, bem como o salário-mínimo, que eu recebia, volto para a minha cidade e fico mais um tempo desempregado.

"Eu preciso trabalhar, meu Deus! Me ajuda!"

Depois, começo a trabalhar como ajudante geral em uma empresa, como bandeirinha de trânsito em uma rodovia.

Reclamo e resmungo comigo mesmo:

– Mas não foi para isso que eu estudei.

As oportunidades aparecem disfarçadas de trabalhos que dão frio na barriga

Eu estou chegando numa sala para uma entrevista de emprego, na cidade de Porto Alegre.

– Bom dia, senhor. Posso entrar?

Ele gesticula que sim:

– Bom dia, Bruno, pode se sentar.

Eu me sento, enquanto o homem olha alguns dados num papel.

– Então, você veio de Criciúma até aqui, de ônibus, para a entrevista?

– Sim, senhor!

Ele limpa a garganta bem alto e vai direto ao ponto:

– Você sabe que essa vaga é para ficar três meses na África, né? Em Gabão!

– Sei sim, senhor!

"E vai pagar dez salários-mínimos. Nove vezes a mais do que meu último salário!"

Ele continua:

– Você fica três meses lá, volta e fica um mês em casa. E assim vai indo.

– Sim, senhor.

Ele me olha bem nos olhos, para ver se estou prestando atenção:

– O trabalho tem a ver com pesquisa mineral, mas não se preocupe, a gente ensina tudo. A área é de mineração mesmo, mas é pesquisa.

– Perfeito!

Agora ele para e fica em silêncio, me olhando alguns segundos.

– Você fala francês?

– Falo.

"Jesus, Maria, José!"

Ele estica a mão para mim, eu cumprimento e me levanto em seguida.

Quando estou saindo da sala, ele me aborda outra vez:

– Rapaz?
– Sim, senhor?
– A vaga é sua!
"*Yes*!!!"
– Obrigado, senhor!
Percebo meu sorriso de orelha a orelha.
"Dez salários-mínimos!"
Eu me contenho para não sair pulando, de tanta alegria.

A gente colhe o que planta!

Você teria coragem de, numa entrevista, afirmar saber algo, que não sabe, acreditando que terá tempo de aprender, antes de iniciar o trabalho? Ou você acha que o que eu fiz foi apenas um atrevimento de adolescente?

Ainda que você opte pela segunda opção, vai perceber que minha ousadia foi muito mais do que um atrevimento, pois me levou a mudar de vida, conhecer o mundo e adquirir conhecimento e dinheiro.

Apostar num desafio que depende somente de você traz mérito, recompensa! A gente colhe o que planta!

Você sabe o que tem plantado em sua vida?

E sabe responder a si mesmo, o quanto tem plantado boas sementes em momentos de adversidade?

Você tem aproveitado seus piores momentos para algo que lhe permite mudar totalmente ou tem deixado escapar esses momentos sem sequer percebê-los?

Pense nisso!

Optar pelo não reclamar e sentir medo, substituindo isso pelo agir com coragem, muda toda a sua vida!

Os melhores resolvem problemas em um curto espaço de tempo!

Eu estou na rodoviária, esperando o ônibus para voltar para casa, e decido ir até a banca de jornal.

– Eu tenho certeza, que vai ter aqui...
Continuo procurando até encontrar:
– Achei!
Pego um *kit* de idiomas com quatro CDs para começar a estudar no meu *Discman*.
"Em três horas de viagem, já vai dar para aprender bastante!"
Começo a repetir tudo o que escuto:
– *Je suis Bruno! Merci!*
Quando chego em casa, sou informado de que a viagem é em um mês e eu passo o tempo todo escutando os meus CDs.
E foi assim que falei o meu primeiro idioma internacional.

Quando você encontra seu propósito de vida, tudo fica mais claro

Volto da minha viagem no tempo, com o Seu Zé me dando um tapa no ombro, esculachando a minha história.
– Ah, vá! Vai me dizer que você aprendeu a falar francês com o *Discman*?
– Tô falando, Seu Zé!
– Não acredito!
– E os seus pais, o que acharam disso?
– Eu não falei para eles que tinha que falar francês.
– Você é doido, cara.
"Olha quem fala... o cara que está planejando se jogar da janela."
Eu continuo:
– Para você ver, o menino que morou num lugar pobre e nunca tinha dinheiro para nada, aos dezoito anos foi para a África com o patrão.
– E o francês? Deu certo?
Assinto e conto mais:
– Minha primeira refeição foi em Paris, onde fizemos conexão. Eu pedi um cachorro-quente e um refrigerante, em francês, para mim e para meu chefe.

CAPÍTULO 1

– Ousado o rapazinho.
– Não é?
Caímos no riso, eu e o Seu Zé.
"Dá até para esquecer que estamos os dois de camisola, de bunda de fora em poltronas de enfermaria. O jovem que quase morreu e o doido que eu tenho que fazer mudar de ideia em cinco dias. Senão, eu tô ferrado!"
Uma enfermeira entra no quarto e se assusta:
– Seu Zé, como o senhor se soltou?
Ela olha para mim.
Eu decido ganhar a confiança dele:
– Fui eu que soltei. O Seu Zé prometeu que não vai mais tentar se matar.
– Prometi nada!
Olho para ele:
– Colabora, Seu Zé!
– Ah, tá. Eu prometi!
Ela fica olhando brava para nós dois.
"O que eu fiz?"
– Vocês podem ir se deitar, por favor. É tarde, vocês deveriam estar dormindo.
– Verdade? – questiono.
– Verdade!
A gente obedece.
"Fazer o quê?"
Passo por ela, escondendo a bunda, e me deito.
Ela ajuda o Seu Zé a se deitar e pergunta:
– E agora, Seu Zé? Eu tenho que amarrar o senhor.
Intervenho outra vez:
– Não precisa, eu fico de olho nele!
– Bruno, isso não é responsabilidade sua.
– Mas se ele fizer bobagem, eu grito.
Seu Zé faz sua parte:

— Eu mudei de ideia, não quero mais morrer. O moço disse que vai me dar um emprego, quando a gente sair daqui.

— Disse nada.

— Disse sim!

— Não disse. Mas vamos dar um jeito nisso!

A enfermeira fica olhando a nossa discussão, com cara de quem não acredita, balança a cabeça para os lados e sai.

Já deitados e sozinhos novamente, Seu Zé me questiona:

— O que essa história toda tem a ver com a ajuda que você vai me dar?

— Você entendeu o meu propósito, Seu Zé?

— Eu não... não entendi nada.

Falo alto:

— Seu Zé...

— Hum?

Respiro fundo e explico:

— Tá bom, Seu Zé, eu não vou brigar com o senhor. Eu também demorei a perceber o meu propósito, mas ele sempre esteve lá, latente em minhas veias, em toda a minha infância e adolescência.

Ele fica me olhando, quieto.

Então, eu continuo:

— Eu não sabia, mas toda a falta material que eu via dentro de casa e o esforço dos meus pais se transformaram em propósito para mim.

Seu Zé está com cara de "uó" e responde de forma monossilábica:

— Hum.

Eu dou continuidade:

— Sabe, Seu Zé? Nunca faltou amor entre meus pais, carinho, motivação, apoio. E isso sempre refletiu em mim e no meu irmão, mas a gente não tinha nada. Eu ficava ressentido com isso. Sempre ficava pensando em como eu ia ajudar meu pai.

— E o propósito? Cadê?

— Isso se tornou o meu propósito: primeiro, ganhar dinheiro para ajudar meus pais!

CAPÍTULO 1

– Por que primeiro?
– Porque, depois disso, eu percebi que meu propósito era ajudar pessoas como meus pais a irem além na vida.
– Pessoas como eu?
– Pessoas como o senhor, Seu Zé!
Ele vira de lado:
– Eu vou dormir, Bruno!
"Não acredito!"
– Eu todo emotivo aqui, contando a minha vida para o senhor, e o senhor vai dormir?
– Tô cansado, você fala muito.
– Eu??? Eu não falo muito!
"Não acredito!"
Bufo:
– Seu Zé?
– Boa noite, Bruno!
Decido dormir também.
Porém, penso na agenda de amanhã:
– Amanhã nós vamos continuar!
– Se você for falar tanto assim de novo, eu vou me matar antes do almoço.
Balanço a cabeça:
– Quê?
Ouço um risinho vindo da cama dele.
"Bom, pelo menos ele melhorou de humor!"
– Nós vamos descobrir o seu propósito, Seu Zé!
Eu me sinto todo emotivo com a minha história e explico para ele como vamos em busca de seu propósito de vida, para que ele saia um novo Seu Zé do hospital.
– Certo, Seu Zé?
Ele não responde.
– Certo, Seu Zé?
Nada.

– Seu Zé?
Ouço ele roncando.
"Não acredito!"

Exercício

Você entende qual é o seu propósito de vida?

Costumo acreditar que o propósito da vida de cada um de nós se encontra justamente na nossa infância ou adolescência e junto de nossos familiares.

Ainda que se demore para perceber, são nossos pais e ancestrais que exercem a maior influência sobre nós.

Veja: quem tem um pai dentista, professor ou o que for poderá ter tendência a perpetuar a profissão. Por outro lado, quando há alguma espécie de dor ou falta, um dos filhos pode ser influenciado a seguir rumo à transformação daquilo que feriu o sistema familiar.

Por exemplo, se uma pessoa sofre de algum transtorno psiquiátrico, um dos filhos pode decidir de se tornar um psiquiatra, para ajudar outras pessoas a se curarem daquilo que viu dentro de casa, pois quando era criança, não tinha ferramentas para resolver o problema, sentindo o peso da impotência de agir.

Quem sofre com um pai com alcoolismo na vida adulta pode se tornar uma pessoa que vai ajudar organizações como os alcoólicos anônimos, justamente para curar o problema que vivenciou dentro de casa.

Uma mulher que sempre desejou ser mãe e não conseguiu e passou a vida esperando se tornar adulta para ter um filho, no seu fracasso decide ajudar crianças órfãs a não se sentirem sozinhas.

De maneira geral, nosso propósito tem raízes na infância, nas nossas histórias e de nossos familiares, e principalmente naquilo que nos marcou de forma profunda e sensível, como uma grande perda, quando nos sentimos impotentes para resolver a questão. Ou ainda numa grande alegria.

CAPÍTULO 1

O poder do nosso inconsciente nem sempre é percebido quando somos jovens. Leva-se tempo para a compreensão de quem realmente somos, e dos porquês que fazemos o que fazemos.

Se você ainda não consegue enxergar o seu propósito, não se desespere. É na maturidade da vida, do dia a dia, quando praticamos o autoconhecimento e o autodesenvolvimento, que iremos encontrar essa e outras respostas para o nosso crescimento.

Para mim, esse caminho começa pelo propósito e por isso quero ajudar você a descobrir o seu.

Responda às perguntas a seguir de coração aberto.

Respire fundo por alguns instantes, feche seus olhos e reflita sobre quem é você.

Depois de alguns minutos em silêncio, pense nas perguntas e reflita sinceramente sobre as possíveis respostas.

1 – Você sabe o que quer fazer da sua vida? Sente que conhece o seu propósito? Se sim, escreva a seguir.

_____
_____
_____
_____
_____

2 – Se sua resposta foi não, pense em sua infância e história de vida e sobre aonde você quer chegar. O que faz você feliz? Ou o que faria você feliz se pudesse fazer isso todos os dias?

_____
_____
_____
_____
_____

SAINDO DO ZERO

3 – Faça uma lista das coisas que mais gosta na vida, mesmo que à primeira vista não pareça fazer conexão com um possível propósito de vida.

Por exemplo:

Algo que você gosta	O que pode fazer com isso?
Cachorros	Caminhar com cachorros na vizinhança e fazer dinheiro / Ter um *pet shop* no futuro / Estudar veterinária
Crianças	Ser pai ou mãe simplesmente / Trabalhar numa escola de crianças / Montar uma escola infantil
Cozinhar	Fazer um curso de culinária, gastronomia ou nutrição / Montar um negócio de *delivery* / Abrir um restaurante
De ficar sozinho	Trabalhar com computação de forma que possa ficar sozinho e ganhar dinheiro ao mesmo tempo
Leitura	Trabalhar numa biblioteca / Montar sua livraria / Tornar-se escritor(a)

Agora seja transparente com suas vontades e gostos e preencha a sua tabela:

Algo que você gosta	O que pode fazer com isso?

CAPÍTULO 1

Algo que você gosta	O que pode fazer com isso?

Lembre-se que todos nascemos iguais, sem saber para onde ir, mas é você quem determina seu destino.

A oportunidade desse conhecimento poderá provocar medo em você, bem como possíveis mudanças, mas acredite: mudar é sempre melhor do que não se movimentar.

Propósito exige movimento. Movimento gera mudança!

Mudanças fazem você crescer!

Seja um colaborador do seu próprio crescimento e não um sabotador do gigante que você pode se tornar!

2

BRANDING PESSOAL

"NINGUÉM TEM CULPA DO ROSTO QUE TEM, MAS É RESPONSÁVEL PELA IMAGEM QUE CONSTRÓI."

OSMAR SOARES FERNANDES

CAPÍTULO 2

BRANDING PESSOAL

Você sabe o que é *branding pessoal* e o impacto que isso tem na sua vida? O CEO da Amazon, Jeff Bezos, define o *branding pessoal* da seguinte forma:

"*Sua marca pessoal é o que as pessoas dizem sobre você, quando você não está na sala.*"

Seja na carreira ou na vida pessoal, a forma como você se apresenta influencia diretamente o modo como as pessoas enxergam a sua pessoa.

Veja: você chega a uma loja e um vendedor de camiseta encardida e calça jeans surrada vem atender você de jeito descolado. Na loja seguinte, você é atendido por um vendedor de terno e gravata, bem apresentável e com postura mais confiante. Qual dos dois lhe passa mais sensação de profissionalismo e competência?

É claro que a linguagem corporal como simpatia, educação e segurança influenciam, mas antes que se possa perceber tudo isso, a nossa imagem fala mais do que somos em essência.

Vivemos numa sociedade que se importa com a aparência. Já foi comprovado, por exemplo, que pessoas mais altas ganham mais, assim como pessoas consideradas mais bonitas. Injusto? Talvez! Mas dotado(a) dessa informação, use-a a seu favor!

SAINDO DO ZERO

Não precisamos ser apegados a esses valores se não queremos, mas a partir do momento que você escolhe ser bem-sucedido profissionalmente, é melhor que, ao menos no trabalho, você leve esse tema muito a sério. Ok, quando chegar à sua casa, você coloca seu pijama furado, mas quando sair, por favor, vista a sua melhor beca!

Desde que a área de *Propaganda e Marketing* existe e influencia tudo aquilo que a gente deseja e por consequência compra, ela vem nos ensinando o poder da imagem sobre nós mesmos. Desejamos aquilo que vemos. E compramos o que desejamos, por vezes quando nem necessitamos. Por quê? Porque uma boa imagem vende sonhos, *status*, autoridade, autoestima, amor-próprio e muito mais.

Se de um lado, eu desejo comprar um produto porque sua imagem, vinculada aos veículos de comunicação, demonstra beleza, praticidade e *status*, o que eu devo fazer se eu quero vender um produto, uma ideia ou a mim mesmo?

O ser humano é seduzido pela beleza naturalmente. Há algumas décadas, um estudo feito numa universidade colocou vários bebês, um de cada vez, em uma sala, com duas imagens disponíveis em duas telas diferentes: a foto de sua mãe e a foto da modelo *Cindy Crawford*. Adivinha quem a maioria dos bebês passou mais tempo olhando? Sim, para a *Cindy Crawford*, provando o que os estudiosos já suspeitavam: nós nascemos propensos a gostar do que é belo.

Apesar da sociedade utilizar da boa imagem e seus apelos para manipular nossa necessidade de consumo, ainda que o *Marketing* nem existisse, nossa natureza tenderia a seguir a direção daquilo que mais agrada aos olhos.

É claro que com o avanço do conhecimento, tecnologia, estratégias de *marketing* etc., nossa natureza propensa às boas aparências se tornou um alvo certo de estratégias e manipulações, onde não somos influenciados apenas pelo que é belo, mas por tudo que carregue a promessa de algo positivo, como o ser especial, inteligente, legal, superior, parte de um grupo específico etc.

Ou seja, em resumo, ser bonito é essencial para ser bem-visto, desejado e ter crédito com as pessoas.

CAPÍTULO 2

"Ah, mas eu nasci feio!"

Ainda assim, há muito o que se pode fazer para se ter uma boa imagem. Exercitar-se para ter um peso proporcional à sua altura, se vestir bem, ao menos de acordo com a marca daquilo que você representa, ter o cabelo e a barba em dia, as mulheres, unhas e maquiagem bem-feitos, elegância e segurança ao caminhar, tom de voz firme e calmo ao mesmo tempo e de preferência um bom e largo sorriso em seu rosto.

Primeiro os indivíduos vão olhar para seu sorriso, depois para suas roupas, pés e por último para suas mãos, onde você demonstra seu nível de confiança por meio dos gestos. É assim que você vende seu relacionamento, depois seus produtos e serviços.

As pessoas sabem quando você não está confiante com uma situação. Lembre-se que você abre a boca para se defender dos seus maiores medos e desejos ocultos.

Seu corpo fala mais que sua boca, cuidado nos movimentos.

Tudo o que puder usar a seu favor para ter uma boa aparência e se mostrar elegante fará com que você tenha mais sucesso na vida. Beleza abre portas! Segurança e autoconfiança também!

Se você ainda não se sente 100% seguro com a sua aparência, sugiro que busque ajuda profissional. Além de entrar em forma, será bom para sua saúde, disposição e bem-estar. Isso vale para expressão corporal, estilo e desenvolvimento pessoal.

Tudo o que melhora você é bom! Não é custo, mas o investimento da sua vida!

Eu investi quinze mil reais no meu sorriso. E transformei toda a minha vida com isso. E acredite: eu não apenas recuperei o investimento, mas o multipliquei inúmeras vezes!

Leve a vida mais de boa, aproveite a jornada

– Bruno, Bruno, acorda, cara!

Sinto alguém balançando o meu braço.

"Mas eu estou com sono."

– Vai, cara. Acorda!

"Mas que *cazzo*! Quem é?"

Abro os olhos, irritado e sonolento, sem saber onde eu estou. Eu me deparo com a figura do Seu Zé com um lençol pendurado nos ombros:

– Mas o que é isso, Seu Zé?

Eu me sento na cama.

Ele continua me balançando e percebo que são dois lençóis e não um só.

Ele aponta para o ventilador de teto:

– Me ajuda a me pendurar ali, olha!

– O senhor tá louco?

– Você prometeu que ia me ajudar.

"O doido..."

– Sim, mas só depois que eu ajudar o senhor.

– Você está perdendo tempo, se me ajudar, resolve o meu problema e adianta a sua vida.

Chacoalho a cabeça para os lados, igual um cachorro, para ver se eu acordo desse pesadelo e se melhorou a sensação de estar dopado.

Não mudou nada.

"Ai, meu Deus, isso está mesmo acontecendo!"

– Seu Zé, o senhor não vai se matar hoje. Nós vamos conversar!

– Conversar? Igual ontem. Você fala para c@#$%¨, cara!

"Eu não acredito!"

– Estou tentando ajudar o senhor. Mas tem que me dar um tempo, cara. Não é assim.

Ele sobe na minha cama e eu sou obrigado a ver sua bunda na camisola aberta do lado de trás.

– Seu Zé, desce da minha cama, por favor.

Ele tenta jogar o lençol em volta da haste do ventilador.

– Eu tô vendo sua bunda, Seu Zé, que saco!

Ele não se importa.

Eu agarro a perna dele, para ele descer:

– Desce daí, Seu Zé.
Ele balança a perna, tentando se desvencilhar dos meus braços.
– Me solta, Bruno.
– Desce, Seu Zé!
– Me solta!
Duas enfermeiras abrem a porta e ficam com as mãos na cintura olhando a cena bizarra:
– Mas o que vocês estão fazendo?
Largo a perna dele, aliviado:
– Eu não, o doido aqui!
Ele olha bravo para mim:
– Quem disse que eu sou doido?
– Olha para o senhor!
Elas vão na direção da minha cama e põem o doido no chão.
"Ufa!"
Elas o levam até o outro leito e arrumam os lençóis.
Eu me acomodo na minha cama e falo alto:
– Minha cama, Seu Zé. Minha!
Demarcando meu território por aqui.
"Eu não acredito que quase morri e agora tenho que sobreviver ao Seu Zé!"

A motivação

Minha experiência com esse ser humano absolutamente único foi um aprendizado e tanto de motivação.
O que compreende por motivação?
Num estudo realizado sobre esse tema por Abraham Maslow e Frederick Herzberg, considera-se que o ser humano se sente motivado por dois fatores principais: a sua condição de trabalho (o ambiente onde ele se encontra) e a compensação que recebe por aquilo que ele faz. *Fonte: https://carreira.com.br/pensadores-da-sociedade-um-estudo-sobre-motivacao/*

Desta forma, dentro de uma empresa, podemos compreender a motivação sendo influenciada pela Cultura Organizacional e pelo salário e reconhecimento que se recebe por aquilo que o colaborador exerce em sua função.

Fazendo um paralelo da minha situação com o Seu Zé, eu tinha tudo para me sentir desmotivado, pois estava numa enfermaria, depois de quase morrer, na companhia de um doido e suicida em potencial, sem receber quase nenhuma visita e menos ainda a possibilidade de ter um acompanhante. Como eu poderia me automotivar nesse ambiente e com alguém que parecia estar numa situação pior do que a minha?

Eu assumi que influenciar o Seu Zé a mudar de ideia sobre manter a própria vida seria a minha compensação por estar naquele ambiente. Eu coloquei esse desafio para mim com o principal objetivo de ajudá-lo, mas logo percebi que essa missão fazia com que o meu tempo de internação fosse útil.

É chato ficar numa cama de hospital. Mas o quanto vale salvar uma vida?

Se isso não for motivação para você, repense!

Plantar esperança de viver na mente do Seu Zé transformou a minha perspectiva de estar ali. Eu me senti vivo, produtivo e motivado!

A vida de qualquer ser humano é o que ela tem de maior valor e se a gente se torna responsável por isso é o privilégio de se tornar um semideus, nem que seja por um único instante!

Custe o que custar, sempre sorria

As enfermeiras saem do quarto, depois de deixarem o doido novamente devidamente amarrado nas grades da cama.

– Cuida dele, Bruno!

– Eu? E quem cuida de mim?

Seu Zé se manifesta:

CAPÍTULO 2

– Para quem disse que iria me ajudar, qual o problema de você cuidar de mim?

"Caramba!"

Reconsidero e falo para a enfermeira:

– Eu fico de olho nele.

Suspiro e decido me levantar. Ando da cama até o banheiro, com o equipamento de soro na mão e bunda de fora.

Volto escovando os dentes e provoco:

– Seu Zé, o senhor me obrigou a olhar sua bunda feia!

– Olha quem fala...

Viro a bunda e rebolo para ele.

Continuo escovando os dentes e provoco de novo, só que agora na direção que vai ajudar:

– O senhor sabe que eu já investi quinze mil reais no meu sorriso?

Ele olha atravessado para mim, enquanto exibo bem os dentes para ele, cheio de espuma:

– Caramba, quinze mil reais, cara?

Vou até o banheiro, lavo a boca e volto a falar com ele:

– Aparência e postura são importantes para ganhar o mundo, meu amigo.

Ele responde alto:

– Fácil para você, que tem dinheiro.

– Mas eu nem sempre tive. E nem esse sorriso bonito aqui.

Ele sussurra, cheio de deboche:

– O cara se acha...

Eu me aproximo da cama do doido e me sento:

– Dá um espaço aí, vai.

Ele se ajeita um pouco para o lado e move os braços amarrados, visivelmente irritado.

"Eu também estaria bravo."

– A culpa foi sua, Seu Zé! Tinha que tirar os lençóis da cama e jogar no ventilador?

Ele balança a cabeça, sem dizer nada.
"Onde foi que eu parei a minha história mesmo?"
Faço uma tentativa:

— No meu primeiro trabalho na África, eu ainda não tinha esse sorrisão lindo e mal sabia conversar.

— Como não sabia conversar?

— O senhor acredita que, um dia, eu cheguei a apertar a mão do presidente do país e não falei nada demais?

— Mas você era jovem, um menino.

— Mesmo assim, foi um desperdício de oportunidade.

Ele fica quieto um instante e depois pergunta:

— Mas ganhava dinheiro?

— Pior que ganhava. Com dezoito anos, eu já liderava umas trinta pessoas. Não tinha experiência nenhuma, só tive a coragem de tentar. É o que vai tirar o senhor daqui. O senhor pode ganhar o mundo também.

— Não acredito.

— Depois, quando eu voltei para o Brasil, conheci várias pessoas como o senhor. E sempre ajudei todo mundo. Eu não vou deixar o senhor desistir da vida assim, por nada.

— Por nada... — ele vira a cabeça para o lado.

Respiro fundo:

— Sabe, Seu Zé, a vida sempre tem seus altos e baixos. Minha vida não foi só ladeira acima, eu tive minhas quedas também. Quer saber?

— Vai adiantar eu dizer que não? Do jeito que você é tagarela.

"Não creio."

Limpo a garganta e volto a falar:

— Eu cheguei a ganhar dez salários trabalhando com mineração, fazendo trabalhos de geofísica, já ganhava mais que o meu pai, e como eles não tinham mais as mensalidades da minha escola e do meu irmão, eu comecei a rodar o Brasil todo a trabalho, de boa: Amapá,

Minas Gerais, Goiás, Tocantins, e meu pai com aquela ideia fixa ainda de ir para os Estados Unidos.

– Com dezoito anos? Tudo isso?

– Presta atenção, Seu Zé!

Viajo no tempo junto com as minhas lembranças.

Sua identidade pessoal

Você compreende o poder que sua aparência tem sobre a sua vida? Você pode trabalhar na melhor empresa, estar no mais alto cargo e usar um crachá que o encha de orgulho, mas se você não tiver uma marca pessoal definida, corre o risco de perder tudo isso com uma simples demissão. E tem gente que entra em depressão em uma situação como essa.

Porém, o contrário também acontece: tem gente que quando sai de uma empresa leva vários clientes junto com ela. E tem gente que quando vai embora é esquecido para sempre. Por quê?

Não pense que ser lindo e perfeitamente bem torneado pelas suas curvas e tônus muscular é o suficiente para torná-lo um exemplo da pessoa que leva os clientes com ela, mas é um bom começo.

Quando a gente chega a um determinado lugar com sorriso aberto, já desarmamos as pessoas que acordaram de mau humor naquele dia. E isso é muito, considerando o nível de estresse a que todos somos submetidos diariamente. Nunca se sabe por quais problemas o outro está passando, mas fato é que todos vivenciamos dificuldades todos os dias e nem sempre falamos sobre isso. Tem dias difíceis para nós e para os demais.

Por isso, eu considero que o sorriso é a parte mais importante que uma pessoa pode ter quando se trata de Marca Pessoal ou *Branding Pessoal*. É o que chega antes mesmo de você emitir qualquer palavra. E um sorriso sincero fala, mesmo que você fique em silêncio.

Eu investi no meu sorriso porque percebi o potencial que ele poderia me trazer, se fosse mais bonito. É claro que o *bullying* que passei na adolescência também me influenciou, mas isso é outra história, que vou contar mais para a frente.

Importante é que se compreenda que aquilo que somos, por dentro e por fora, exerce influência sobre o nosso redor. Se eu me apresento como uma pessoa de boa aparência, bem-vestida e sorrindo, ainda que eu não diga nada, essa imagem já irá dizer muito sobre mim.

Pense! Uma pessoa de boa aparência e bem cuidada demonstra saúde, autoestima, motivação, segurança, confiança, autocuidado e muito mais. Quem se ama se cuida. E somente quem se ama é capaz de amar aos outros.

Quando se fala em *branding pessoal*, não significa apenas uma imagem, mas tudo o há por trás dessa imagem. Há muitos significados por trás daquilo que você aparenta ser.

Como está a sua imagem hoje? Que ideia você tem passado de você mesmo para o seu entorno?

Uma decisão pode mudar toda uma trajetória de vida!

Eu estou no quarto da minha casa com a Juliana, mulher que vai se tornar no futuro minha esposa. Ela está chateada com as minhas viagens que estou fazendo com os trabalhos como técnico em mineração e da gente não passar muito tempo juntos.

— Ju, vamos fazer uma loucura?

Ela me encara de olhos arregalados.

"Aposto que pensa: lá vem!"

Eu continuo:

— Vamos para a Itália!

— Oi?

— Meu pai já está lá mesmo.

— Mas o seu pai não foi para lá só para fazer a cidadania e conseguir ir para os Estados Unidos?

— Foi, mas a minha mãe já está pensando em ir. Vamos também, ué!

CAPÍTULO 2

– E a gente vai fazer o que lá, Bruno?
– Qualquer coisa, mas pelo menos a gente fica junto.
Ela sorri e me abraça.
Juliana sempre foi minha melhor amiga, parceira e motivadora em tudo.

A vida como estrangeiro

Qual a diferença entre ser turista e ser estrangeiro?

Não pense que morar num país da Europa é sinônimo da mais pura felicidade e realização, pois não é.

Se algum dia você tiver a oportunidade de viajar para outro país como turista, vai ter uma grande possibilidade de achar aquele país a coisa mais linda do mundo, mas você deverá lembrar que está ali só de passagem.

O estrangeiro, aquele que vai a outro país para residir no local, é alguém que renuncia a tudo o que teve e conheceu durante toda sua vida: seu país, sua família, amigos, trabalho, cultura, idioma, costumes e tudo mais. Adaptar-se a tudo novo é como nascer de novo, sem a certeza de ser bem-vindo.

Enquanto eu ia para a África a trabalho e tinha data certa para voltar, não era tão difícil. Mas quando eu me mudei para a Itália, os desafios se tornaram maiores. Eu levei minha família comigo e isso também se tornou parte de minha responsabilidade.

Pesava ver minha esposa limpando o chão de um restaurante, quando ela já tinha diploma universitário. E me ver lavando louça depois de todo reconhecimento que já havia conquistado na minha profissão.

E quanto a aprender outro idioma quando eu já tinha tanto a dizer? Não poder se expressar é dolorido, ainda mais quando se tem conhecimento e experiência. Quem não pode se comunicar automaticamente é julgado incapaz de alguma maneira.

Segundo médicos psiquiatras, existe um alto índice de depressão em pessoas que vivem como estrangeiros, devido a desligar-se de suas raízes. Nem eu, nem a Ju entramos em depressão, mas escolhemos a coragem de, no dia a dia, lutar para sermos iguais aos nativos e termos as melhores possibilidades, em pé de igualdade.

Agora eu lhe pergunto: você, mesmo estando em seu país, tem se sentido igual aos demais? O quanto se esforça em busca das melhores oportunidades?

Se você quer ter sucesso, precisa criar suas próprias oportunidades, mesmo que ninguém tenha feito nada similar

Eu estou na Itália, num restaurante chiquérrimo, na cidade de Sirmione, no Lago de Garda.

"Pensa num lugar lindo."

Suspiro:

– E eu lavando pratos!

A Juliana passa e percebe minha cara de deboche:

– Você disse que a gente vinha fazer qualquer coisa, Bruno. Nem faz essa cara.

– Mas não tem que ser assim para sempre, né?

– Só faz um mês, Bruno, e eles não aceitaram seu diploma em português.

– Eu sei, mas isso não importa. Eu não quero trabalhar como os brasileiros que vejo aqui, em subemprego, quero trabalhar na minha profissão.

– Sem diploma?

– Ju, não tem que traduzir, importante é fazer o serviço, se gostarem, vão me contratar.

Ela se abaixa, pegando o pano de chão dentro do balde e começa a esfregar o pano com o rodo.

"Não foi para isso que a gente estudou, cara!"

– A gente pode fazer mais, Ju.

– Mas o quê? Como?

– Não sei, mas vai acontecer, você vai ver!
Ela dá de ombros:
– O nosso visto já está quase pronto pelo menos.
Penso no que meus pais sempre dizem.
"Você não é pior do que ninguém, todas as pessoas são iguais, você pode conquistar o que quiser, tem que empreender, fazer acontecer."
Falo comigo mesmo:
– É, pai. Eu sei bem de onde vem a minha coragem.
Um prato escorrega da minha mão e quase cai no chão.
Meu chefe me olha torto. Eu me retrato rapidinho:
– *Scusa*!
Ele assente.
A Juliana disfarça a risada e eu só balanço a cabeça.
"Ao menos, estamos juntos e tendo uma oportunidade e tanto. De morar na Itália e de aprender o idioma tão bem!"
Levanto um prato no alto:
– Vai valer a pena, cada prato: lavado e enxugado!

Você sabe dizer não para o não?

Quantos "nãos" você já recebeu na sua vida?

Quantas pessoas já lhe disseram que você não era capaz de fazer alguma coisa ou que algo não era para você?

Se você pensar bem, a maioria das pessoas e situações do dia a dia nos desmotivam a ir para a frente. Convivemos com muitos "nãos" diariamente!

"Não faça isso, não faça aquilo, não seja assim ou assado, isto não é para alguém como você" e por aí vai.

Quando me informaram, na Itália, que nossos diplomas não eram válidos porque estavam em português, eu simplesmente não aceitei a informação.

– *Como assim não é válido? E todos os anos que eu vivi estudando, trabalhando e adquirindo conhecimento e prática na minha profissão?*

O fato de um diploma não estar traduzido ou validado não apaga a minha experiência de vida.

Claro que eu compreendo que todo lugar tem burocracia e regras, mas eu também posso ser responsável pelas minhas regras, por aquilo que aceito como verdade em minha vida. Se um lugar não estivesse disposto a aceitar meu diploma, eu demonstraria o meu conhecimento de outra forma.

É preciso coragem e ousadia para ir na contramão da sociedade. Nem todo mundo em nosso caminho aparece para ajudar, quando muitos acabam atuando como pedras. Não chute as pedras! Mas também não permita que elas lhe interrompam o caminhar. Desvie, pule, o que for, mas siga em frente!

Não aceite os "nãos" que chegam para você. Seja prudente, ousado e criativo.

Se tiver que aprender francês em um mês, como eu me forcei um dia, o faça, se for válido para você. Cada um tem a sua história, e a sua é a sua. Mas jamais permita mais momentos de covardia do que ousadia em sua jornada!

Viver é um desafio diário e quando se assume a coragem, a vida fica muito maior!

Seja ousado

Não passa muito tempo e eu estou numa entrevista para a minha área de atuação.

"Não fosse a própria Ju escutar alguém falando sobre explosivo no restaurante e se intrometer na conversa, eu ainda estaria lavando pratos!"

Respiro fundo e presto atenção no empregador.

– Trouxe currículo, rapaz?

Balanço a cabeça em sinal de negação.

"Como é que eu ia fazer um currículo em italiano?"

Ele prossegue:

– O que o senhor sabe fazer, seu Bruno?

Explico sobre Geofísica e toda a minha experiência na África e no Brasil.

Por causa do italiano ainda muito arrastado, me explico em português, francês e espanhol, e ele parece que entende.

"Será?"

– Gostei de você. E entendi tudo o que você falou, sabe por quê? Balanço o pescoço.

– Tenho um amigo brasileiro travesti que fala igual a você. Dou uma risada alta.

"Não sei se de nervoso, alívio ou de lembrar do travesti!"

O homem continua:

– Vou te dar uma oportunidade, você trabalha dois meses de graça, se você aprender italiano bem, eu coloco você como técnico. O que me diz?

– Eu topo! – concordo com um aperto de mão.

"Tá fácil!"

A partir daquele dia, eu começo a ir todo dia ao escritório da empresa e leio todos os livros técnicos em italiano que eles têm ali.

Tirando água de pedra

Se você parar para observar a sua história de vida, você poderá dizer que tem aproveitado as oportunidades da melhor forma?

O brasileiro Nizan Guanaes foi um dos publicitários mais premiados de todos os tempos, considerado um dos cinco brasileiros mais influentes do mundo no ano de 2010 pelo Financial Times. Ele dizia: *"Nas crises, enquanto uns choram, outros vendem lenços"*.

Isso quer dizer que a vida sempre irá nos trazer momentos e situações dignas de choro, porém, sempre teremos a possibilidade de buscar uma perspectiva diferente na dificuldade e se sobressair a ela.

Viver é um constante solucionar de problemas. Quantos problemas você resolve por dia? Quantas vezes tem que explicar para o seu filho o que ele deve ou não fazer? E para um funcionário? Se você sai dirigindo seu carro, com quantos *motoboys* mal-educados ou estressados é obrigado a lidar? E se pega uma fila no banco? No mercado? Na farmácia? E os problemas de relacionamento? As burocracias de todo lugar?

Habitue-se a ver a vida como alguém que veio ao mundo para solucionar as coisas e não a lamentar-se por elas. Quando você muda sua perspectiva, vai perceber que para tudo há ao menos uma solução, e quando não há, você desvia o foco. Pula a pedra, lembra? Não para nela! Nunca!

Tudo começa na forma como encaramos uma situação!

Mude sua maneira de enxergar as coisas e vai ver muito mais oportunidades do que problemas!

Apostar no seu sonho não é arriscar, é lutar pelo seu propósito

Seu Zé me cutuca:

– E deu certo?

– Claro que deu! Depois de dois meses, eu estava falando italiano fluente.

– Mas e o seu salário? Não acredito que você trabalhou de graça, eu jamais faria isso.

– Mas aí é que está errado, Seu Zé. Não é trabalhar de graça, é ter a chance de mostrar quem você é.

– Mas você não recebeu.

– Claro que recebi.

– Recebeu?

– Sim, meu chefe, ao perceber minha capacidade, resolveu pagar os salários retroativos, e em pouco tempo eu estava ganhando mais do que um operário comum na Itália.

– Sério isso?

Eu rio:

– Em um ano, já ganhávamos mais que os brasileiros, e até mesmo mais que os italianos, ganhávamos três a quatro vezes o salário que os italianos. Era muito dinheiro.

CAPÍTULO 2

– E a Juliana?

Percebo um sorriso de orelha a orelha na minha cara.

– Eu sempre falava para ela trabalhar com Educação Física, que é no que ela se formou. Depois que ela viu que funcionou comigo, também foi para cima.

– E deu certo? – ele pergunta, desacreditado e mexendo os braços amarrados, ainda incomodado.

– Claro que deu, Seu Zé.

– Mas a vida parece que dá tudo certo para vocês.

Porque a gente tem coragem de ousar, de tentar. Ninguém é obrigado a acreditar nos "nãos" que a vida dá. Se dependesse das informações que a gente recebia na Itália, eu estaria lavando pratos até hoje.

– E a sua esposa lavando chão.

– Exato. No entanto, ela começou a dar aula de natação e começou a ganhar mais que os brasileiros que já estavam lá há alguns anos.

"Ela sempre repete que eu fui a pessoa que a motivou a acreditar que podia mais."

– E quanto vocês ganhavam?

– Três a quatro salários-mínimos da Itália meu e dois dela.

– Caraca. Seis salários? Quanto dá isso? Eu vou para a Itália.

Caio no riso:

– Primeiro o senhor vai ter que se soltar daí sem perigo de ser amarrado de novo, né, Seu Zé?

Ele olha os próprios braços e espreme os lábios, irritado.

Volta a olhar para mim:

– O que você fez com tanto dinheiro?

– Eu gastei muito, com festa e viagens, mas nessa época também comecei a mandar dinheiro para o Brasil e depois comprei três terrenos.

– Terreno?

– Claro, Seu Zé. Essas coisas valorizam com o tempo, sabe disso, não?

— E deu certo?
Agora, eu espremo os lábios e faço cara feia:
— O senhor quer mesmo saber?
— Se você tiver se ferrado, sim!
"Não acredito!"
— O senhor não gosta de mim?
— Não!
Entorto o pescoço e fico olhando para a cara dele.
"Não acredito!"
Decido continuar:
— Eu me ferrei, mas não foi de imediato.
Chacoalho a cabeça, voltando as minhas memórias.

Trabalhar de graça não é voluntariado, mas oportunidade

Alguma vez em sua vida cogitou trabalhar de graça?

Essa pergunta é muito importante, pois isso mostra a sua capacidade de se enxergar além do que faz no momento presente. Além de demonstrar o mínimo de altruísmo em relação ao mundo que você se encontra.

Dinheiro não é e nem deveria ser a única motivação de uma pessoa para o agir. E muitas organizações já analisam uma pessoa a partir desse comportamento.

Em quantas entrevistas de emprego você respondeu a seguinte pergunta: *"Já fez trabalho voluntário?"*?

Por que isso é importante?

Porque demonstra a sua capacidade de ajudar ao próximo e de compreender o mundo como algo coletivo e não individual ou tão somente materialista, quando dinheiro é a única coisa que move suas ações.

Dinheiro é importante e essencial à nossa sobrevivência, mas não se apegue à informação de que um valor monetário é a única coisa que move o trabalho.

CAPÍTULO 2

Quando eu aceitei trabalhar de graça, tive, na verdade, a grande oportunidade de ser visto num país, onde o meu diploma estava sendo invalidado. Na não remuneração, havia muito mais do que um simples salário, mas a chance de mostrar quem eu era.

Hoje, em minhas redes sociais, eu ajudo muita gente com dicas sobre como começar a ganhar dinheiro, trabalhando de graça. Ser visto e reconhecido por meio dessa atitude abre um leque de oportunidades, tanto remuneradas quanto de pessoas em sua vida: *networking*!

Avalie o que move suas ações e reveja seu modo de pensar.

Seu futuro agradece! E o mundo também!

A construção da família

Eu estou na Nigéria a trabalho e, no telefone, recebendo a esperada notícia:

— Nossa filha vai nascer?

Eu dou pulos de alegria na sala em que estou e repito várias vezes, com sorriso de orelha a orelha, espalhando a notícia para os colegas:

— Minha filha vai nascer! Minha filha vai nascer! Minha filha vai nascer!

— Corre, Bruno, pega o primeiro avião, como você tinha planejado!

Eu pego minha mala e saio correndo, agradecendo a Deus pelo tempo perfeito de ver a minha menina nascer e acompanhar a Ju durante o parto.

"Obrigado, Senhor! Obrigado!"

Eu passo correndo pelo corredor e quase derrubo uma pessoa, que me questiona:

— Aonde você vai nessa correria toda?

— Para a Itália, ver minha filha nascer!

E continuo correndo.

E sorrindo!

Às vezes dizer não para aquilo que uma vez foi uma oportunidade pode ser a resposta certa

— Nossa filha, Ju, nossa filha!

— Emanuela – ela fala sorrindo, olhando a nossa bebê.

Nós ainda estamos na Itália e estamos vivendo um dos melhores momentos das nossas vidas, juntos.

— E a proposta de trabalho que recebi, Ju? O que você acha?

— Morar na Nigéria, Bruno? Nossa filha acabou de nascer e você vai levar a menina para a Nigéria, tem certeza? Um país sem estrutura, por tudo que você diz.

"Ela tem razão. Mas o que eu faço?"

— O que a gente faz? Eu sei que você tem razão, mas a situação da Itália está péssima no momento.

Ela balança a cabeça em sinal de negação e volta a olhar e sorrir para a nossa filha.

— Esse trabalho paga tudo, Ju: casa, carro, viagem, refeição...

— Mas levar a gente para a Nigéria com você?

— Não. Lá não tem estrutura mesmo e tem muita doença.

A Ju beija a Emanuela e me pergunta:

— O que a gente vai fazer, Bruno?

— Não quero perder a infância da minha filha, vamos voltar para o Brasil!

— Brasil? – ela sorri.

Assinto:

— Sim, já basta a crise na Itália, vamos embora!

Companheirismo de verdade

O quanto a(o) sua(seu) parceira(o) é importante para você?

Você já percebeu que pessoas milionárias costumam ter uma família sólida por detrás delas? Homens bem-sucedidos não costumam trocar de esposa a cada ano por uma mais nova à medida que se sobressaem, mas se apoiam na base dos que estão ao seu lado.

CAPÍTULO 2

Uma pessoa que tende a prosperar tem foco naquilo que é importante: seu trabalho, sua família e seu bem-estar.

Se você está mais preocupado em ter várias mulheres ou vários homens no seu currículo afetivo, dificilmente irá se sobressair nos negócios. A mesma energia que você gastaria trocando de parceiro ou parceira seria mais beneficamente aplicada se a utilizasse para o seu crescimento e desenvolvimento pessoal e profissional.

Reflita sobre as pessoas que são importantes em sua vida, e se você tiver o desejo real de crescer na vida, coloque-as ao seu lado e nunca abaixo de você.

Família é um valor essencial para a prosperidade, pois prosperidade não é apenas o que se ganha financeiramente, mas o que se ganha na vida: amor, respeito, companheirismo e o apoio nos momentos mais difíceis.

Lembra quando eu quebrei com o restaurante? Adivinha quem estava ao meu lado?

Pois é!

Se não fosse a Ju, eu provavelmente teria ficado muito pior.

Não estar só é uma dádiva a ser cultivada!

Abrindo portas

Em sete dias, mandando currículos da Itália para Brasil, encontrei trabalho e no oitavo dia estava viajando de volta para casa.

Em casa, respondo à Ju sobre a minha situação profissional.

– Você está satisfeito com esse novo emprego, Bruno?

– Sim, é uma multinacional de explosivos, a segunda maior no mundo, e estou na minha área.

– Não se arrependeu de voltar da Itália?

– Com você e a nossa filha, Ju? O mais importante é com quem eu estou e não onde.

Olho para a Emanuela brincando com uma bonequinha, ao lado da Ju.

"Obrigado, meu Deus!"

– Mas não era a vaga que você queria, você entrou como técnico.

– E quanto tempo você acha que eu preciso para subir de cargo?
Ela ri.
– Eu sei, Ju, a vaga e o salário são ruins, mas eu vou subir, você vai ver!
– Eu sei que vai, Bruno! Não faz sentido algum com a sua experiência, falando quatro idiomas, ficar como técnico.
Sussurro:
– É só um degrau!
Ela repete:
– É só um degrau!

Perseverança, você sabe fazer isso?

O ato de perseverar é o mesmo que nunca desistir!

Tem gente que desiste da vida e de coisas comuns ao menor sinal de conflito ou cansaço.

Quantas pessoas você conhece que desistiram do curso de violão ou da academia de ginástica logo no início do curso?

E quantas outras você conhece que não desistiram e suportaram até piadas de amigos em busca de mudar o próprio corpo ou de se tornar um artista?

Perseverança é uma qualidade que define se o ser humano é um vencedor ou um fracasso naquilo de melhor que ele poderia vir a ser. Todos temos potencial para alguma coisa em específico. Nem todos precisamos ter os mesmos objetivos alcançados para nos autodenominarmos vencedores, mas a perseverança naquilo que se deseja no mais íntimo do ser faz a diferença para cada um de nós.

Tem gente que nasce com uma vontade enorme de ser mãe, por exemplo, e se descobre infértil, e mesmo assim faz todo o tratamento possível até conseguir e ainda adota uma criança.

Tem pessoas que querem ser famosas, outras querem algo pequeno, mas o que as torna felizes e o que faz a diferença nos tantos sonhos de todos os seres é o ato de perseverar em busca de uma realização.

CAPÍTULO 2

Eu percebi que o meu propósito de vida inicialmente era ajudar meu pai e minha mãe, devido ao esforço que os via fazendo. Quando percebi que eles não precisavam realmente de ajuda, pois tinham melhorado de vida, eu ainda tinha o desejo de ajudar outras pessoas.

Porém, tive que ajudar a mim mesmo em primeiro lugar: aprender, crescer, experienciar e hoje eu tenho colaborado com milhões de pessoas simplesmente compartilhando a minha experiência, assim como também agora o faço por meio deste livro.

Perseverar é não desistir, não importa quantas vezes você caia, acredite que toda vez que você se levantar, estará mais forte.

Assim como aconteceu com o meu restaurante. Eu perdi todo o dinheiro que tinha conquistado até aquele momento da minha vida. Foi bem dolorido, mas me fortaleceu e me preparou para experiências maiores.

Não desista daquilo que você quer, jamais.

Se ficar chateado entre uma derrota e outra, tudo bem, faz parte, somos humanos.

Mas, em seguida, levante-se! E tente outra vez!

Perder faz parte do jogo, mas desistir não pode ser uma opção

Eu estou no meu restaurante com a minha mãe:

– Vai dar certo, mãe!

– Você finalmente teve a ideia de empreender, filho. Parabéns!

Olho ao nosso redor e vejo como tudo está impecável: o maior restaurante da cidade, lindo, bem decorado, perfeito! O maior restaurante da cidade.

"Deus nos abençoe!"

Abraço a minha mãe e me sinto feliz por ter usado o dinheiro que guardei quando estava na Itália para finalmente criar a minha própria empresa.

– E o *pizzaiolo* que você contratou e trouxe da Itália? Está satisfeito com ele?

— Claro, mãe, como não?
Suspiro.
"Bom, hoje é o primeiro dia. Inauguração. O tempo vai dizer!"
Vejo as pessoas chegando e o restaurante enchendo.
— Uau!
Os garçons andando de um lado para o outro.
"Mas isso está bombando. Melhor do que encomenda!"
Começo a dar as boas-vindas para as tantas pessoas que chegam em suas mesas, porque é tanta gente, que não dou conta de fazer tudo isso na entrada.
— Boa noite, boa noite, sejam bem-vindos!
As horas passam e eu mal acredito no sucesso que estou vendo acontecer bem diante dos meus olhos.
Cruzo várias vezes com a minha mãe durante a noite e sorrimos um para o outro:
— Sucesso, mãe!
— É incrível, Bruno!
Mas, apesar da primeira noite ter superado nossas expectativas, a partir do dia seguinte, quase ninguém mais entrou no restaurante.
— O que está acontecendo? Por que não vem mais aquele mundo de gente?
Pouco a pouco, eu vi o meu empreendimento ir por água abaixo.
Um ano foi o tempo que durou.
Penso no investimento que fiz e me questiono, sobre onde eu errei.
"Duzentos mil reais, cara... será que o problema foi o ponto? Mas é um dos melhores da cidade. Não... Eu já sei, eu tinha que ter ficado aqui e ter contratado um gerente com experiência. Coitada da minha mãe, foi muita responsabilidade."
No fim, eu vendi os terrenos que comprei quando estava na Itália para pagar os prejuízos financeiros. Ganhei um aprendizado gigantesco sobre empreendedorismo, melhor que anos de faculdade.
Zerei!

CAPÍTULO 2

Empreendedorismo!

Tem gente que nasce para isso! Desde pequeno parece ter tino para os negócios. Faz picolé e vende para toda a vizinhança. Junta um dinheirinho e compra algo mais para revender. E assim segue durante toda a vida, mesmo que num negócio pequeno, mas o seu próprio negócio!

Empreendedorismo pode ser um talento nato, mas também pode e deve ser aprendido, especialmente em países como o nosso, onde há um alto índice de desemprego, falta de oportunidades para os que não cursaram uma universidade e tanto mais.

Porém, é importante estudar a respeito, preparar-se, mesmo que seja pela Internet por meio de cursos gratuitos e sites como o do Sebrae, que dispõe de muito material para apoiar os pequenos e novos empreendedores.

No ano de 2021, o Ministério da Economia registrou 4,026 milhões de empresas que foram abertas no país, um recorde histórico no ano. No mesmo período, no entanto, foram fechadas 1,410 milhão de empresas. O saldo de novos negócios ficou positivo em 2,615 milhões *(Fonte: https://agenciabrasil.ebc.com.br/economia/noticia/2022-02/brasil-registra-saldo-positivo-de-26-milhoes-novas-empresas-em-2021).*

Parece muito? Lembre-se de que estamos num país com mais de 212 milhões de habitantes. Somos poucos empreendedores e certamente esperamos fazer parte dos que se tornam bem-sucedidos em seus negócios.

O número de empresas que fecham é muito alto e para que isso mude e que você não faça parte dessa estatística é imprescindível que você aprenda com quem já fez.

Eu acredito que fui muito confiante para o meu primeiro negócio. Perdi por esse motivo, mas assumo que aprendi inúmeras lições. A minha experiência me trouxe mais humildade e vontade de buscar o conhecimento, perda que acabou impactando positivamente tudo o que fiz depois na minha carreira como empreendedor.

Não fosse esse primeiro fracasso, talvez eu jamais tivesse chegado aonde eu cheguei atualmente.

Por isso, eu repito o que minha mãe sempre me disse: tenha uma boa ideia e empreenda! Mas acrescento: antes, estude, prepare-se!

Se encontrar um emprego despreparado é difícil, empreender sem conhecimento é fracasso quase garantido.

Sou totalmente a favor do empreendedorismo, pois o ato de empreender traz liberdade, experiência, oportunidades, ajuda outras pessoas e realiza sonhos. Porém, nada que é bom vem fácil, de mãos beijadas. É preciso merecimento. E merecimento vem com esforço, prática e coragem.

Acredite, sim, em você, mas tenha humildade e vontade para se preparar para isso!

Dê o seu melhor mesmo dentro de outro CNPJ. Vai levar você para o próximo nível

Se de um lado meu primeiro empreendimento faliu, e se eu tive que carregar o fardo dessa falha até aprender o que precisava, do outro lado, a minha vida como colaborador ia bem.

"Muito bem!"

Na sala de RH da empresa onde trabalho, acabo de receber uma boa notícia:

– Parabéns, Bruno! A partir de hoje você é Técnico Sênior!

"Seis meses. Eu sabia que ia conseguir!"

– Obrigado!

O gerente continua me explicando a promoção:

– A partir de hoje você será responsável por mais pessoas e, se atingir as metas que conversamos, em pouco tempo se tornará coordenador.

"Coordenador. Em breve!"

A conversa continua e eu me sinto satisfeito.

A vida segue em frente e em oito anos eu já respondo diretamente para o presidente da empresa, com um salário que considero

CAPÍTULO 2

ótimo, aluguel pago, carro da empresa, plano de saúde e inúmeras viagens que me permitem conhecer ainda mais o Brasil e adquirir conhecimento e experiência.

– Você fala espanhol, Bruno?
– Falo...
"Não falo, mas aprendo!"
E aprendi! Assim que fui para o Chile!

O dinheiro vai e vem. O conhecimento permanece

Seu Zé me cutuca com o pé:
– Você perdeu duzentos mil reais?
– Tira o pé de mim, Seu Zé!
Balanço a cabeça, concordando com a perda.
Ele reforça:
– Caraca... que *m%$#*, cara.
– Demais!
Observo seus braços ainda amarrados na cama, quando uma enfermeira entra para procedimentos diários.
Pergunto:
– Não dá para soltar ele, não?
Ela olha com a mão na cintura:
– O que significa vocês dois na mesma cama?
"Não acredito!"
– Estamos conversando, ora.
– Sei...
Ela se aproxima e começa a desamarrar o pobre do Seu Zé.
"Ufa!"
Ela fala firme com ele:
– Se o senhor fizer qualquer bobagem outra vez, vai demorar mais para ser desamarrado.
Ele sorri:
– Eu não vou fazer. Depois da história desse rapaz aqui, que perdeu duzentos mil reais num restaurante, tô achando que eu nem sou o mais *f%d7d9* por aqui.

Eu retruco:
— O quê? Eu não sou *f%d7d9*.
"Que absurdo!"
A enfermeira ri e comenta, me olhando com gratidão:
— Como você conseguiu esse milagre?
— Milagre?
— Você mudou o humor dele. Parabéns!
Eu me sinto feliz.
"Obrigado, Senhor! Por ser útil!"
Seu Zé não entendia que o dinheiro pode até ir embora, agora, todo o aprendizado que ganhei naquele período ninguém vai me tirar.

...uma historinha que pode ajudar você em uma negociação...

Eu estou novamente na minha cama, observando a alegria do Seu Zé aproveitando sua liberdade novamente.
— Vai parar de andar para lá e para cá, Seu Zé?
— Não!
Eu rio e fico quieto.
Depois de tomar um copo d'água, ele volta a um dos assuntos que falamos:
— Como a sua roupa pode influenciar tanto? Eu não sei se entendi direito. Eu tenho que usar terno e gravata, é isso? Não gosto!
— Não, Seu Zé. Você tem que se adaptar ao meio em que você quer estar.
— Como assim?
Lembro de uma experiência bem interessante:
— Uma vez, estava participando de um processo de *Bidding*, quando uma empresa escolhe um fornecedor para fazer um serviço.
— Sei.

– Eu fui com uma roupa bem parecida com o uniforme da empresa, da mesma cor.

– E isso funciona?

– Claro. Eles eram engenheiros e por isso eu fui com bota parecida com a de segurança, que eles usam.

– E você ganhou o tal do *Bidding*?

– Ganhei, claro. O concorrente estava de roupa colorida e não tinha se preparado para estar lá como eu estava.

– Você ganhou por causa da roupa?

– Não só por causa da roupa, mas a aparência cria uma identificação visual, que influencia as pessoas a gostarem de você, pois você se parece com elas. E você deve se movimentar como elas, no mesmo ritmo, nas mesmas posições, agindo da forma mais parecida possível. Entendeu?

– Hum.

Use a técnica de espelhamento, estude as pessoas que você quer conquistar e fique parecido com elas.

Você sabe o que é *rapport*?

Segundo o site Wikipedia, *rapport* é uma palavra de origem francesa, que significa trazer de volta ou criar uma relação. Em psicologia, representa um estilo de relacionamento próximo e harmonioso no qual indivíduos ou grupos estão em sintonia uns com os outros, entendem os sentimentos e ideias uns dos outros, e comunicam-se de maneira cordial.

Na prática, podemos perceber o comportamento natural de *rapport* entre pessoas apaixonadas ou entre melhores amigos. Essas pessoas se sentam, gesticulam, falam e se expressam de forma muito parecida. Como existe afinidade entre elas e a vontade de satisfazer o outro, esse fenômeno acaba acontecendo naturalmente.

Porém, o *rapport* se tornou uma ferramenta de inteligência emocional, quando é possível imitar o comportamento do outro, de forma discreta e sutil, fazendo com que ele se identifique com você.

SAINDO DO ZERO

Por exemplo, você chega a uma entrevista de emprego e percebe que o entrevistador cruzou as duas mãos e as posicionou sobre a mesa. Você pode repetir esse gesto logo após ele. Pouco tempo depois, o entrevistador posiciona os braços na cadeira, você pode repetir o movimento. Esse equilíbrio de movimentos gera afinidade no outro, de forma inconsciente. Dotados dessa informação, podemos favorecer nossos interesses ou a vontade de agradar os demais, simplesmente aplicando essa técnica.

Fonte: https://pt.wikipedia.org/wiki/Rapport_(conceito)

Seu Zé continua interessado na minha conversa:
– E esse negócio de ficar bonito? Eu não sou bonito.
– Seu Zé, claro que o senhor é bonito, só precisa se cuidar mais.
– Fazer esporte?
– Isso. Você sabia que todos os milionários fazem pelo menos três vezes esporte por semana?
– E eles têm tempo para isso?
– Eles criam tempo para isso, Seu Zé! Estar bem é prioridade para quem quer ser alguém na vida.
– Sei.
– Com isso, ganha-se autoconfiança.
– É, eu preciso fazer isso aí. Mas não tenho vontade.
– Nós vamos correr juntos, Seu Zé!
– Vamos?
– Vamos!
O doido vira a bunda para mim e abre a camisola.
– Ah, Seu Zé!
Ele ri.
"Eu não acredito!"

CAPÍTULO 2

Exercício

O quanto você se importa com a sua aparência?

Você é o tipo de pessoa que acredita que não deve se apegar a nada e por isso ignora a sua imagem no espelho e a qualidade do seu guarda-roupa?

Repense!

Todos podemos ser pessoas desapegadas de valores materiais, se assim acreditamos por um motivo filosófico ou espiritual, mas ainda assim podemos ter consciência da sociedade em que vivemos e do quanto certas coisas são importantes para se atingir objetivos durante toda uma vida.

Se você um dia tiver um filho, ou já tem, que tipos de conselho você dará a ele ou a ela? Se você é desapegado e já é adulto, provavelmente não se importará com o que os outros poderão falar a seu respeito, se está malvestido ou desarrumado. Mas o quanto isso poderá afetar uma criança ou um adolescente?

Percebe o quanto a aparência nos é importante, mesmo quando individualmente não damos tanta importância para isso?

O mundo vive de aparências e por isso, e para isso, nos adaptamos.

Tire um pouquinho de tempo para você se autoanalisar agora, com transparência e honestidade com si mesmo.

Responda às perguntas a seguir com toda a verdade, para imaginar como isso está afetando a sua vida e como pode melhorar.

Faça isso por você e por seu futuro!

1 – Você está satisfeito(a) com seu corpo? Sim ou não? Como o seu corpo hoje afeta a sua vida? Você acredita que pode melhorar algo?

_____
_____
_____
_____

2 – Você está satisfeito(a) com sua imagem? Sim ou não? Como a sua imagem hoje afeta a sua vida? Você acredita que pode melhorar algo?
_____
_____
_____
_____
_____

3 – Você está satisfeito(a) com a forma como se veste? Sim ou não? Como as suas roupas hoje afetam a sua vida? Você acredita que pode melhorar algo?
_____
_____
_____
_____
_____

4 – Você está satisfeito(a) com a forma como fala e gesticula? Sim ou não? Como a sua fala e seus gestos hoje afetam a sua vida? Você acredita que pode melhorar algo?
_____
_____
_____
_____
_____

    Imagine como você se sentiria agora, se pudesse se ver na melhor forma de seu corpo, pele, cabelo, rosto, roupas, fala e gestos. Isso não lhe proporciona uma sensação de felicidade, alegria e autoconfiança?

CAPÍTULO 2

Então, por que não?

Comece agora mesmo a cuidar de seu corpo. Pense como os milionários, que acordam mais cedo para se exercitar antes de começar o dia.

Ninguém se torna bem-sucedido por acaso, mas vive uma disciplina de autocuidado em primeiro lugar.

Quem se ama se cuida!

E quem se cuida se torna capaz de cuidar de outras pessoas e de outras coisas!

Pense nisso!

E comece a se tornar uma nova versão de você, agora mesmo!

3
O PODER DAS CONEXÕES

"AS CONEXÕES QUE VOCÊ CRIA AO LONGO DE SUA EXISTÊNCIA CONSTROEM O SER QUE VOCÊ É."

ANJA

CAPÍTULO 3

O PODER DAS CONEXÕES

Você já ouviu falar em *networking*?
Networking representa as relações de contatos profissionais com potencial de abrir caminho para aquilo que você faz e ou oferece!

Você compreende o poder que existe nas conexões que cria no dia a dia, sejam elas de cinco ou cinquenta minutos?

Não basta apertar a mão do presidente de um país, se você não souber o que for falar. E para um breve lamento meu, foi isso que aconteceu comigo, quando estive com o presidente Omar Bongo, no Gabão, Continente Africano. Consegue imaginar? Eu fiz um trabalho para ele e não disse nada que pudesse ser relevante! Eu perdi o momento! Porém me perdoo, porque era jovem demais: dezenove anos.

Depois disso, eu nunca mais perdi a oportunidade de criar boas conexões. E se a minha aparência com o sorriso de orelha a orelha e trejeitos já eram importantes, hoje, quando me conecto, vou além daquilo que salta aos olhos.

Para conexões verdadeiras é essencial saber o que falar, como falar e como se comportar: coerência! Geralmente, as pessoas com quem desejamos nos conectar já têm o que nós podemos compartilhar, então como se aproximar delas? O que podemos oferecer, que possa valer a sua atenção?

Eu viajei o mundo para fechar negócios e, com o tempo e experiência, eu entendi que é necessário se aproximar de pessoas que ganham dinheiro, mas de que forma se aproximar de quem ganha mais, se eu não puder comprar o que aquela pessoa tem?

Veja! Nunca houve na história, como agora, a possibilidade de se abordar qualquer pessoa devido à facilidade e proximidades que as redes sociais promovem. Hoje, qualquer um acessa, por exemplo, o Instagram e envia uma mensagem para quem quiser, no mundo inteiro. Não se sabe se será lida, mas a possibilidade está lá, existe!

Para isso: bom senso! Não seja o rapaz que apertou a mão do presidente e não disse nada demais. Se for abordar alguém do seu interesse, seja coeso, objetivo e tenha algo positivo a oferecer! Não desperdice a sua chance, ela pode ser única!

As conexões podem fazer muito por sua vida profissional, por isso, esteja disposto a servir as pessoas, a ser eficiente e colaborativo de alguma maneira. Você provavelmente espera se conectar a pessoas maiores e melhores do que você, para aprender e ganhar com elas, por isso, se você já tem consciência de que é menor, o que pode oferecer de melhor além de uma boa serventia e simpatia? Faça isso! Não dói! E você aprende!

O servir lhe dá a oportunidade de se conectar com personalidades interessantes para o seu trabalho. Esteja preparado para o que vai dizer. Nunca chegue vendendo algo para pessoas importantes. Crie uma conexão pessoal primeiro, com educação, simpatia e muito bom senso. Depois você mostra a que veio.

No passar da minha experiência, acabei falando com pessoas importantes no Brasil, que mal sabiam da minha existência. Hoje eu sei que consegui esses contatos e seu respeito pela abordagem sincera e empática que criei.

Especialmente na pandemia, quando entrei em crise, fui com a cara e a coragem abordar grandes nomes como Geraldo Rufino,

CAPÍTULO 3

Elaine Julião, Fabio Fernandes, Lais Macedo, Marcelo Arruda e Carol Paiffer. Todos foram de generosidade única comigo. Na sequência, você ficará sabendo em detalhes como eu criei as melhores conexões da minha vida!

Lembre-se de que esse comportamento não é exclusivo, mas é perceptível dentre os grandes empresários. Primeiro eles vão se conectando aos poucos e de repente um negócio se fecha.

Você cultiva sua conexão. E depois colhe os seus frutos!

Não desperdice as sementes!

Às vezes, precisamos parar, caminhar e refletir sobre nossas decisões

Ouço um barulho de talheres próximo a minha cama.

"Mas o que é isso?"

Tento voltar a dormir, mas o barulho continua.

"O que está acontecendo aqui?"

– Ai, que saco – resmungo e me viro para ver o que está acontecendo.

"Isso aqui é um hospital. Não deveria ter silêncio em respeito aos doentes?"

Quando me viro, já de olhos abertos, vejo o seu Zé, esfregando uma faca na outra:

– Seu Zé, o que é isso?

"O doido..."

Olho ao redor e percebo que estamos no meio da madrugada.

"Que horas são? Está tudo escuro, silencioso..."

O barulho das facas continua, mas o indivíduo inconveniente nem me responde.

Levanto-me e vou até a cama dele, onde ele está sentado com as duas facas nas mãos:

– Seu Zé, o que o senhor está fazendo com as facas do jantar?

– Tô afiando, não tá vendo?

Eu rio.

"Não me aguento!"
— Não me diga que o senhor vai tentar se matar com essa faquinha de hospital, Seu Zé?
Ele para e me olha sério:
— Qual o problema?
— O senhor não vai conseguir.
Ele rapidamente posiciona uma das facas em direção ao seu pescoço:
— Quer ver?
Dou um pulo para trás:
— Não... Só vai fazer sujeira e o senhor vai dar trabalho para as enfermeiras.
Ele volta a afiar uma faca na outra.
Eu insisto:
— Seu Zé!!
Ele não para.
Sou mais incisivo agora:
— Se as enfermeiras pegarem o senhor fazendo isso, elas vão amarrar o senhor na cama outra vez.
O doido esconde as facas embaixo do travesseiro.
— Ai, ai, Seu Zé..., o senhor me acordou!
Sento-me na beira da cama dele.
"Quantos dias faltam para eu sair daqui? Será que vou sentir falta do doido? Não... impossível!"
Encho o peito e solto o ar.
— E agora, Seu Zé?
— E agora, o quê?
Balanço os braços no ar:
— O senhor me fez perder o sono.
— Pede um remédio para dormir, ué.
— Não quero!
— Então não enche o saco.
"Indignado!"

CAPÍTULO 3

– O senhor me acorda, com mais um plano suicida de araque e sou eu que estou enchendo o saco?

Ele responde, todo ofendido:

– Meus planos não são de araque.

"Imagina!"

Bufo:

– Deve ser umas três da manhã, seu Zé!

Ele se levanta:

– Quer dar uma volta?

– Dar uma volta onde, doido?

– Lá fora.

"Ai, meu Deus!"

– Bora, vai!

Eu e o seu Zé estamos caminhando no longo corredor do hospital.

Está um silêncio total.

Dá para ouvir nossos chinelos de pano no chão e o ranger do equipamento de soro.

Falo baixinho:

– Ainda bem que é madrugada, Seu Zé!

– Por quê?

Aperto minha mão tentando fechar a camisola na parte de trás.

– Seu Zé, nós dois estamos passeando no hospital com a bunda de fora.

– E daí?

Balanço o pescoço para os lados.

"Indignado!"

– E daí que não é normal.

Ele dá de ombros, nem aí para mim.

"F*&¨-#$".

Paro de esquentar a cabeça com a minha bunda e só sigo caminhando com ele.

Dou de ombros também.

"Não tem ninguém mesmo."

Aponto para o final do corredor:
— Olha lá, Seu Zé, tem uma janela aberta. Bora tomar um ar!
Eu olho a lua do lado de fora da janela e solto:
— Saudade das minhas meninas.
— São duas?
Suspiro:
— São. A minha segunda filha nasceu aqui no Brasil, quando eu estava trabalhando em Goiás pela empresa que estou hoje.
— Hum.
Viro de costas para a janela e fico encostado na parede.
Seu Zé puxa uma cadeira e se senta.
Eu rio?
— Sentou a bunda na cadeira gelada, seu Zé?
— O que você queria?
— Fechasse a camisola pelo menos.
— Cara, você é muito chato.
— Chato é você, que me acordou afiando faquinha de hospital.
Ele fecha a cara.
"Eu vou mudar de assunto!"
— Quer saber uma coisa que mudou a minha vida, Seu Zé?
Ele me olha torto:
— Você não vai falar dos seus dentes outra vez, vai?
"Não acredito!"
— Qual o problema dos meus dentes, Seu Zé? Foi depois deles que a empresa me convidou para ir para os Estados Unidos, sabia?
— Ah, vá. Por causa dos dentes?
— É, ajudou, mas não foi só por isso.
Falo mais alto:
— Só que valeu a pena, o senhor não faça pouco caso dos meus dentes.
— Vaidoso.
— Eu não sou vaidoso!
— Sei.

CAPÍTULO 3

Silêncio.

Duas enfermeiras saem de um dos quartos com um carrinho e ficam olhando para a gente.

Eu escondo a bunda na parede, fico mudo, calado, esperando elas sumirem em algum lugar.

As enfermeiras entram em outro quarto.

"Pronto!"

Seu Zé gesticula:

– E os Estados Unidos?

– Tive que fazer um curso de inglês. Em sete dias!

– Sete dias?

Assinto.

Ele retruca:

– Conversa para boi dormir.

– Nada, seu Zé. O curso era *top*, caro e só tinha gente grande lá dentro.

– Como assim?

– Eu vou te contar.

Olho para a lua e me sinto transportar daquela janela.

Quebrando paradigmas

Você já pensou sobre o que é quebrar um paradigma?

Primeiro, o que é paradigma?

No dicionário, significa um exemplo que serve como padrão, modelo.

E assim como nossas crenças, os paradigmas são construídos no decorrer da vida. Vamos nos moldando e permitindo que a sociedade e nossas experiências nos moldem de acordo com o que é aceito, pelos outros e por nós mesmos.

Eu cheguei a um momento da minha vida que acreditava ser o auge. Confesso que estava me achando. Quando cheguei ao curso de inglês, me vi num cenário e situação que me obrigaram a rever meus modelos. Eu percebi que o meu suposto auge era algo muito pequeno. E se podia ser maior, por que não quebrar aquele paradigma?

Eu me senti pequeno quando cheguei lá, um estranho no ninho. Mas assim que percebi o potencial que aquela sala cheia de empreendedores tinha para mim, eu automaticamente me abri para aprender. Não foi da noite para o dia, nem de uma semana para outra, mas a virada de chave está em uma única coisa: perceber que há algo mais e se abrir para isso!

E você? Já percebeu quais são os paradigmas que estão paralisando você?

Repense sua vida e tudo o que você faz e acredita!

Muitas vezes o que nos bloqueia são nossos próprios pensamentos, nossas crenças e os velhos paradigmas.

Abra-se ao menos para perceber isso!

Ambientes novos podem fazer você ver muito pela perspectiva de outras pessoas

Eu estou num hotel caríssimo em São Paulo, pronto para fazer um curso intensivo.

Respiro fundo, todo orgulhoso de mim:

– Ai, ai.

"Ainda bem que me hospedei em outro lugar, isso aqui é caro demais."

– Bom dia – cumprimento, entrando na sala cheia de executivos.

"Minha nossa, tem umas oitenta pessoas aqui."

No fundo, eu sei que estou me achando.

"Também, pudera. Estou no auge, sou um grande profissional! Respondo para o presidente e vivo cheio de mordomias dadas pela empresa."

Eu me sento junto aos colegas e presto atenção em suas conversas:

– O último curso que eu fiz, eu investi trinta mil reais... – um deles fala.

CAPÍTULO 3

"Oi? Trinta mil? Como assim? É quase dez vezes mais do que este aqui!"

O outro responde para ele:

– A última imersão que eu fiz, eu investi cinquenta mil, mas valeu cada centavo.

Eu me pego de boca aberta e olhos bem arregalados.

"Como assim, cinquenta mil? Eu vou pagar esse curso em vezes, no cartão de crédito!"

Fecho a boca e tento disfarçar meu espanto e fico atento a todas as informações que eles trocam.

"Esse é o primeiro curso que faço na vida que é fora do trabalho e esses caras vivem fazendo cursos caríssimos? Tem alguma coisa errada!"

Um deles muda de assunto:

– Vocês estão hospedados aqui mesmo?

Todos assentem.

"Ai meu Deus, eu escondido num hotelzinho mais barato perto daqui."

Começo a fazer perguntas:

– Do que são esses cursos que vocês estavam falando?

– Desenvolvimento pessoal.

– E como é?

– Você nunca fez?

– Não.

"Que vergonha! Onde eu me escondo?"

A conversa continua e descubro que essas pessoas ganham muito, mas muito mais do que eu. E investem constantemente nelas mesmas.

"Eu tenho que aprender com esses caras!"

Presto atenção em tudo, pois percebo que esse evento vai mudar a minha vida.

Eu não apenas aprendi inglês, mas o *networking* me abriu os olhos para algo que eu nunca tinha percebido.

"Eu não era lá grande coisa. E na zona de conforto que eu estava, ia continuar não sendo."

Zona de conforto ou desconforto?

Zona de conforto é um termo bastante utilizado atualmente, mas que já em sua nomenclatura demonstra uma contradição.

Estar numa zona de conforto não é de fato algo confortável, mas perigoso para quem almeja crescer na vida, seja pessoal e/ou na profissional.

A zona de conforto é algo que, assim como nossas crenças e paradigmas, nos paralisa.

Se você tem um emprego, pode se acomodar e ficar neste lugar o resto da sua vida, mesmo quando não é um bom trabalho para sua saúde mental, mas por ser aquilo que você conhece, acaba aceitando como algo bom e estável.

Tudo o que é desconhecido fica fora da zona de conforto e o que não se conhece é o que cria medo e bloqueios no ser humano.

Veja: se você mora numa cidade do interior, se sente enjoado do lugar, porque nada interessante acontece, você teria coragem de ir para uma cidade maior, onde não conhece ninguém e nem sabe o que poderá acontecer com você por lá?

O mesmo acontece em relacionamentos. Quantos casamentos falidos não se sustentam pelo medo de um indivíduo não saber o que será sem aquele parceiro ou parceira? As pessoas têm medo de se divorciarem e terem que recomeçar num ponto que desconhecem. Isso é zona de conforto, apesar de não ser nada confortável.

Pessoas que não se amam continuam juntas pelo medo de seguir para algo que desconhecem, e então seguem suas vidas sem amor, sem intimidade e por vezes com traições e mentiras. É triste, mas real.

A zona de conforto é aparentemente aquilo que se conhece e, mesmo que seja ruim, se aceita como algo bom, apenas para poder fugir do que não se sabe.

Quantas zonas de conforto você tem na sua vida?

O que você está deixando de viver hoje, por que está numa zona de conforto e tem medo de sair daí?

Tentando outra vez... nunca é tarde para um recomeço...

Uma semana depois, eu estou em casa, na sala, sentado no sofá:
– Ju, a gente precisa montar um negócio!
– Você não foi fazer curso de inglês?
Eu gesticulo todo empolgado:
– Fui, mas o que eu aprendi lá foi muito mais do que isso.
Levanto e começo a andar de um lado para o outro, falando sem parar:
– Todos os caras lá eram empresários, ganhavam muito mais do que eu, pagaram o curso à vista, eles gastam bem mais todo mês fazendo cursos.
E continuo contando sobre tudo o que eu percebi.
Ela me interpela:
– E que negócio você quer fazer? Vai sair da empresa de explosivos?
Eu me sento na frente dela e seguro suas mãos:
– Ju, você adora crianças, é profissional de educação física, vamos montar algo relacionado a crianças.
– Eu e você?
– Sim, mas por enquanto eu continuo no meu emprego, vamos ver como vai ser.
– Tá. Vamos.
"Ela sempre topa tudo!"
– O que você acha de uma empresa de eventos infantis?
– Ok, mas a gente tem dinheiro para investir?
– Não importa, a gente começa pequeno.
A gente continua conversando até fecharmos numa ideia:
– A gente pega um baú e enche de brinquedos, Ju, daí a gente leva às festas infantis e faz uma recreação em cima disso.

— É, pode dar certo...
— E a gente faz propaganda no *Instagram*, *Facebook*, faz panfletos e distribui na cidade. Vamos arrebentar.
Ela ri.
— E quando a gente começa?
— Hoje!
— Hoje, Bruno?
— Sim, vamos comprar uns brinquedos, montar o baú, vamos para a praça da cidade fazer fotos e anunciar nas redes sociais.
— Bora então!
— Baú da Alegria!
— Oi?
— Vai se chamar Baú da Alegria.
— Gostei!

Nós investimos dois mil reais nos brinquedos que compramos para o baú. E apesar de a ideia ser boa, o baú em si não deu certo, mas a empresa sim!

Começamos pequeno, devagar, errando e acertando, como deve ser! Quando montei a pizzaria, já comecei gigante e a queda foi muito grande. Dessa vez, eu recomecei pequeno.

Empreendedorismo, intraempreendedorismo ou CLT?

Eu estou falando bastante sobre Empreendedorismo porque acredito que esse foi o melhor caminho para a minha vida profissional, financeira e familiar, já que minha esposa trabalha comigo e a partir do nosso trabalho conquistamos qualidade de vida.

Saiba que você não é obrigado a seguir por esse rumo, se não tem vontade. Você é responsável por suas escolhas e por tudo que faz na sua vida.

Se eu me sinto feliz em empreender, você pode se sentir mais satisfeito em intraempreender, que é o ato de atuar dentro de uma empresa com ideias próprias e iniciativas de projetos. Ou, ainda, você pode ser um funcionário, se esse modelo de trabalho o deixa mais contente. Não existe certo ou errado. Existem caminhos que nos levam a diferentes lugares.

Eu escolhi um lugar maior, com mais trabalho e mais frutos! Mais dor de cabeça, porém, mais compensações.

O que é melhor para você?

Eu posso ser um exemplo de inspiração, mas não necessariamente para você seguir, se você tem uma filosofia de vida diferente.

Numa era de inclusão, todos os modos de pensar e viver devem ser aceitos e respeitados. Eu compartilho a minha experiência para motivar e inspirar quem tem o desejo de seguir o mesmo caminho ou algo parecido.

Steve Jobs, o famoso fundador da Apple, dizia: *"Você tem que encontrar o que você ama"*. Para quem não sabe, quando ele estava prestes a ser adotado, quase foi rejeitado quando seus pais adotivos descobriram que seus pais biológicos não tinham estudado ou se formado numa faculdade. Bem mais tarde, Jobs teve a oportunidade de ir para uma faculdade particular, mas os pais adotivos não tinham como pagar. Ele nunca se formou num curso universitário, mas fundou o que viria a ser uma das maiores empresas do mundo, aos vinte anos de idade. Sua história e suas dificuldades não definem você, mas suas escolhas!

Descubra o que você ama e decida o que é melhor para você!

E trabalhe em cima disso!

Mais um dia com o suicida

Do nada, o Seu Zé levanta da cadeira e me interrompe:

– Tô com sono!

– Seu Zé!

– Vamos dormir.

Ele vira a bunda para mim e começa a caminhar em direção ao quarto.

As enfermeiras com o carrinho aparecem outra vez, agora atrás da gente.

Eu viro para trás e percebo um sorrisinho entre elas.

"Eu sei que tenho uma bunda fofa. Podem olhar!"

Mas não me contenho e seguro as abas atrás da camisola, tentando fechar aquilo.

– Seu Zé, o senhor não prestou atenção em nada do que eu falei?

– Prestei, mas falar com você dá sono.

Eu paro no corredor:

– O quê?

Ele abre a porta e entra no quarto.

– Vai me dizer que o senhor quis conversar comigo só para pegar no sono?

Vejo Seu Zé já se deitando na cama com um risinho de canto.

"Eu não acredito!"

Vejo que ele ajeita as facas embaixo do travesseiro.

– Me dá essas facas, Seu Zé. Se as enfermeiras virem isso aí, vão amarrar o senhor.

Ele me entrega sorrindo, de boa.

"Mas é um pilantra".

Eu rio:

– O senhor é um sacana, não é não, Seu Zé?

Ele vira de lado com ao bunda de fora.

Sigo para a minha cama.

"Eu não acredito!"

Eu me deito e fico pensando na Ju e nas meninas.

Suspiro:

– Que saudades.

Algumas pessoas vão decepcionar você durante sua jornada, faz parte do jogo

Na manhã seguinte, eu estou terminando de tomar meu café da manhã, enquanto observo as enfermeiras cuidando do Seu Zé.

"Ainda bem que eu tirei as facas de lá. O doido..."

CAPÍTULO 3

De repente, vejo o presidente da empresa entrando no quarto:
– Bruno, como você está, meu filho?
"Filho? Desde quando se deixa um filho numa enfermaria, depois de anos de dedicação, e o senhor só vem me visitar dias depois que quase morri? Nenhum telefonema!"
Estico a mão para ele:
– Bom dia, senhor. Que bom que está aqui.
– Já soube que está melhor, que susto você nos deu, rapaz.
– Pois é, mas fico feliz que o senhor esteja aqui. Imagina que eu liguei para o RH e pedi para mudarem o meu plano para um quarto particular e ninguém me atendeu.
Ele abaixa a cabeça.
"O que está acontecendo aqui? Você acabou de me chamar de filho."
– Pois é, Bruno, é isso aí mesmo. Não tem nada que a gente possa fazer.
"Oi?"
Eu fico olhando para ele, ainda desacreditado.
– Como assim, não tem nada que vocês possam fazer? O senhor é o presidente.
– São normas da empresa.
– Mas eu quase morri, eu podia ter morrido, foi grave. Depois de oito anos trabalhando na empresa, pegando as obras mais difíceis, que ninguém mais queria pegar, como o Rodoanel, o alagamento do Canal Panamá e até estádio de futebol, é só isso que o senhor tem a me dizer?
Ele balança a cabeça, sem demonstrar nenhum remorso aparente.
"Eu não acredito!"
Penso no curso de inglês e em tudo que aprendi com aqueles empreendedores. Lembro da Ju e nossa pequena empresa e todo apoio que ela nunca me faltou.
Respiro fundo e altivo, falo em alto e bom tom:

— Eu me demito!
O presidente dá um passo para trás e finalmente demonstra alguma coisa:
— O quê?
— É isso. Eu me demito. Vou seguir minha vida de outra forma.
Antes que ele possa responder qualquer coisa, sinto uma paz enorme invadir meu corpo.
Seu Zé intervém:
— Como assim, se demite, rapaz?
— Seu Zé, fica na sua.
Ele balança a cabeça para os lados e fica de olho na minha conversa.
"Enxerido!"
— Bruno, eu acho que você não está raciocinando direito.
Suspiro e sorrio:
— Eu nunca raciocinei tão bem em minha vida, senhor. Obrigado!
Aperto a mão dele como despedida e ele fica de boca aberta me olhando.
— O senhor pode ir, eu tenho que continuar minha consultoria com o Seu Zé!
Estico o queixo para a frente, na direção do leito dele.
O presidente olha para trás:
— Seu Zé?
Reforço:
— Seu Zé, meu amigo e futuro funcionário!
— Eu, seu funcionário? Quem disse?
— Fica quieto, Seu Zé!
Ele balança a cabeça de novo e o presidente aperta minha mão.
— Se mudar de ideia, a empresa está de portas abertas para você!
— Obrigado, eu não vou mudar.
— Ele sai.
Eu estralo o pescoço para os lados, enquanto o doido enxerido vem na minha direção, se senta na minha cama:

CAPÍTULO 3

– Ficou doido, é?
– Nada, nunca estive tão lúcido, seu Zé!
– Você tá doido.
– O senhor quer trabalhar comigo?
Ele me encara de canto:
– Não sei, vou ter que ouvir você falando o dia inteiro?
"Não acredito!"
– Não, seu Zé, o senhor vai trabalhar na minha empresa de eventos.
– Aquela do baú, pequenininha?
– O senhor está fazendo pouco caso da minha empresa?
Ele levanta as sobrancelhas, espreme os lábios:
– É... não sei...
– O senhor quer trabalhar ou não quer?
– Quero! Mas sem terno e gravata!
– E de Pokémon, o senhor trabalha?

O quanto você paga para trabalhar?

Você teria coragem de pedir demissão do seu trabalho, onde você tem um salário fixo mensal, décimo terceiro, férias, plano de saúde e por vezes até um bônus, carro da empresa, viagens e tudo o mais?

Muitas pessoas têm tudo isso, mas sofrem de *Burnout* porque vivem num ambiente extremamente competitivo e tóxico, com falta de reconhecimento e um ambiente de trabalho saudável no seu dia a dia.

Muitas culturas organizacionais são mais prejudiciais a seus colaboradores do que benéficas. Altos executivos percebem que estão desperdiçando suas vidas por empresas que os substituiriam em poucos dias, se assim fosse necessário. Quantas vezes você ouviu falar de uma história desse tipo?

No meu caso, eu tinha privilégios e uma boa relação com a empresa, mas me senti negligenciado quando quase morri. Eu nunca tinha pedido nada à empresa antes. E meu único pedido num momento de vulnerabilidade foi negado. Foi o suficiente para me acordar.

O quanto você tem percebido ou feito de conta que não percebe o tratamento que recebe no seu local de trabalho? Você dá a vida pelo seu emprego? Você perde sua saúde em nome da estabilidade de um salário fixo? Você deixa de ficar com a sua família para proporcionar a ela o plano de saúde?

Repense!

Nem tudo vale a nossa vida, o nosso tempo e a nossa família. É preciso coragem para avaliar nosso tempo presente e assumir, possivelmente, escolhas erradas que fizemos no passado. Mas sempre é tempo de mudar.

Pedir demissão era algo impensável para mim até então, mas hoje eu sei que foi uma das melhores escolhas que fiz na vida!

Bill Gates costuma dizer o seguinte: *"O sucesso é um professor perverso. Ele seduz as pessoas inteligentes e as faz pensar que jamais vão cair."*

O suposto bom emprego que você acredita ter pode ser o seu pior paradigma e uma péssima zona de conforto!

As pessoas vão rir dos seus sonhos

Poucas horas se passam e o meu telefone toca.

Percebo que é um colega da empresa, eu atendo:

– Alô?

"Decerto, ele vai perguntar sobre a minha saúde."

Mas ele fala:

– Cara, você está louco? Vai deixar a empresa para ser palhaço nos eventos da sua esposa?

"Eu não acredito no que estou ouvindo!"

Não respondo e o sarcasmo continua do outro lado:

– Você vai deixar de ser engenheiro de profissão para ajudar sua esposa, como palhaço, Bruno? Empresa de festinha?

Solto o ar represado de raiva e respondo:

CAPÍTULO 3

– Isso aí, cara, mas preciso desligar, tenho uma injeção para tomar agora. Já que eu não morri e não recebi visitas, vou cuidar de mim, sabe?
– Que injeção?
– Fica quieto, Seu Zé!
Eu me desvencilho da ligação o mais breve que posso e fico calado, na cama.
– O que foi, Bruno?
Olho para ele:
– Estão tirando sarro de mim, Seu Zé!
– E daí?
– E daí que eu trabalhei oito anos numa empresa e, em vez de receber apoio, recebo chacota.
– Eu vou apoiar você.
Olho desconfiado para ele.
– Eu vou trabalhar nas festinhas com você.
– Obrigado, seu Zé!
– Mas só se eu for de Pokémon e você de Digimon.
Eu rio.
Ele continua:
– Mas eu prefiro He-Man.
"Não acredito!"
Ele levanta o braço para cima, como se tivesse uma espada na mão:
– Eu... tenho... a força...
Caio na gargalhada.
"Ô, doido!"

Salve o contato de todos que passarem pela sua vida e lembre de deixar sua marca na vida dessas pessoas

Os dias passam no hospital e eu finalmente recebo alta.
– Seu Zé, está aqui o meu cartão. O senhor vai me procurar, assim que sair daqui. Vai começar a trabalhar.

— Sim, senhor, chefe!
— Nada de gracinhas. Se o senhor não aparecer, eu vou te buscar na marra. Cadê seu endereço?
— Eu não tenho cartão!
— Então me fala seu *zap*, eu anoto aqui no celular.
Depois de eu anotar, ele me dá um abraço.
"Que inesperado!"
— Obrigado, Bruno.
Eu me sinto comovido.
— Por quê?
Ele me olha nos olhos:
— Você foi a primeira pessoa que quis me ajudar na vida.
"Nossa!"
Eu alerto:
— Chega de tentar se matar, né?
Ele revira os olhos para cima.
— Seu Zé!
Ele não responde.
— O senhor tem depressão?
Ele levanta o braço no ar e gesticula:
— Eu não tenho nada. Quando sair, eu vou lá trabalhar de palhaço com você.
Eu rio.
"Não acredito!"
Dou um abraço, batendo em suas costas.
Olho sério para ele:
— O senhor não vai faltar, né?
— Não!
— Ótimo! Vou providenciar a fantasia de He-Man!
Saio, sentindo a despedida.
"Porque eu me apeguei ao doido?"

CAPÍTULO 3

Lembre-se das pessoas que parecem que esqueceram de você

Depois de alguns dias, estou na empresa com a minha mulher:
– Eu convidei o Seu Zé para trabalhar aqui, Ju.
Ela sorri:
– Você sempre ajudando os outros. Novidade...
Suspiro.
E mudo de assunto:
– Eu tive uma ideia.
– Ai, meu Deus!
– Nós vamos construir um parque inflável gigante, Ju!
– Oi?
Ela me encara, séria:
– Como é que é isso, Bruno? Você toma remédio anticoagulante e sabe que não pode se cortar, né?
Eu rio:
– Mas eu não vou brincar, nós vamos alugar o parque para empresas, escolas, outros lugares.
Ela fica me olhando, ainda sem entender a minha ideia.
Mostro a tela do computador para ela:
– Olha os parques que eu pesquisei na Internet:
Ela se aproxima e fica boquiaberta:
– Você quer construir um negócio desse tamanho?
– Eu quero que seja o maior do mundo.
A Ju fica me olhando ainda de boca aberta, com as mãos na cintura.
– Tá...
– Eu já achei aqui na Internet o cara que vai construir um parque desses para mim, só que do meu jeito.
– E de onde ele é?
– Curitiba.
Ela fecha o semblante:

— Já vai viajar?
— Vou!
— E as meninas?
— Calma, amor, antes tem o Dia da Princesa.
Ela sorri.
Pego o celular e checo se o Seu Zé mandou mensagem.
"Nada!"
— Que foi, Bruno?
— Tô preocupado com o Seu Zé.
— Liga para o hospital.
— Boa.
Procuro o contato do hospital no celular e ligo imediatamente.
Já no telefone:
— O quê? Ele já teve alta?
"Por que ele não me mandou notícias? Filho da mãe!"
Insisto:
— Vocês podem me passar o endereço dele? Não?
"Ai, meu Deus do céu. O doido sozinho por aí."

Você é ousado o bastante para criar oportunidades?

Você consegue ser ousado e atrevido o bastante para tentar algo, mesmo quando não tem nada para investir?

Eu sei que investi em algo bem audacioso e fui bem-sucedido, mas há outras formas de se atrever e crescer na vida.

Num país onde há milhões de desempregados e pessoas que não tiveram a oportunidade de estudar, como ajudá-las a se sustentar? Com audácia, coragem, criatividade!

Quem disse que uma pessoa analfabeta não pode cozinhar em casa e vender na rua, de porta em porta ou ainda no *Instagram*, com a ajuda de alguém, para fazer seu perfil?

Ou porque um jovem, que não teve o privilégio de ir para uma faculdade, não pode começar do zero, ousando vender algo que ainda não tem, como eu fiz, para honrar seus compromissos depois?

É preciso, sim, ética nos negócios e na vida, mas ser criativo pode ser algo surpreendente e de resultados muito positivos.

Digamos que você não consegue emprego em lugar algum. Por que não oferecer seu serviço gratuitamente e provar seu valor? Vender algo para uma empresa, de graça, para que ela lhe dê a oportunidade de trabalho em seguida?

Ousar é atitude. No mundo profissional e competitivo é preciso força, audácia, coragem.

Não fique apenas esperando a oportunidade bater a sua porta.

Crie oportunidade para você!

Sempre!

Ninguém precisa saber que você não tem dinheiro para construir seu sonho

O tempo passa e eu estou em Curitiba, voltando para a empresa que vai realizar o meu sonho do parque inflável.

Falo comigo mesmo, enquanto caminho:

– Ele vai construir para mim, mas precisava calcular o preço.

"Quanto vai custar?"

Meu telefone vibra.

"Será que é Seu Zé, finalmente mandando notícias?"

Vejo que é mensagem de um ex-colega da empresa de explosivos:

– Bruno, você está sabendo que a empresa faliu e fechou?

– Caraca!

"Não acredito!"

Respondo:

– Sinto muito, cara!

– Você saiu na hora certa!

"Parece que sim!"

Chego à sala do dono da empresa e percebo que ele olha o meu desenho.

Sento-me na frente dele:

— E então, quanto vai custar a brincadeira?
— Olha, Bruno, esse projeto é audacioso. Desse jeito aqui vai ficar 800 mil.

Dou um grito:
— O quê? 800 mil? Não...
— Você quer o maior do mundo e acha que vai ficar barato? Não tem como.
— Peraí, vamos pesquisar na Internet, calma.

Encontro o que eu preciso e mostro para ele:
— E se a gente fizer o maior da América? Olha aqui.

Ele olha a tela do meu celular e responde:
— Bom, aqui diminui bem, deixa eu calcular.

Ele mexe na calculadora, pensa e fala de um novo valor:
— 400!
— Ai, meu Deus do Céu! Ainda não dá, péra.

Olho de novo na Internet e digo:
— Vamos fazer o maior só da América Latina, pronto. Veja esse tamanho aqui, mostrando as medidas na tela.

Aponto para ele, que volta para a calculadora outra vez.

"Quanto vai custar? Quanto vai custar?"

Começo a ficar nervoso e percebo o suor frio descendo pelas costas.

Ele balança a cabeça e diz:
— Olha, dá para fazer por 280 mil!
— 280 mil?

Falo, balançando a cabeça para cima e para baixo:
— Fechado!

"Eu não tenho um real, mas tudo bem! Ele não precisa saber disso."

Damos um aperto de mão e ele conclui:
— São quatro ou cinco meses para ficar pronto. Você assina o contrato agora e tem sete dias para pagar 50% da entrada.
— Claro! Negócio fechado!

"De onde eu vou tirar 140 mil em sete dias?"

CAPÍTULO 3

Crie momentos incríveis para as pessoas que você ama e elas o apoiarão em momentos difíceis

De volta para casa, um dia depois, eu converso com as meninas no café da manhã:

– Toma seu café, Manu.

Ela come um pedaço de pão e fala de boca cheia:

– Babo, hoje é o meu Dia da Princesa!

– Claro que é, filha.

– Êêê... – ela comemora balançando os bracinhos para cima.

– Depois de amanhã é o da sua irmã.

– Vai ter jantar?

– Claro que vai!

– E presente?

– Está em cima da sua cama!

– Sério? Quero ver!

– Termina seu café primeiro.

Ela me oferece uma bolachinha e sorri.

E fala de novo com a boca cheia:

– Por que você faz o Dia da Princesa, Babo?

– Por que você está perguntando? Não quer que eu faça mais?

– Claro que eu quero, só quero saber. Os babos das minhas amigas não fazem.

"Oh, meu Deus!"

Olho sério para ela:

– Filha, isso é para quando você crescer, você saber que nunca deve aceitar menos de nenhum homem na sua vida.

Ela suspira.

– Tá bom, Babo.

"Será que ela entende a profundidade do que acabei de dizer? Tão criança ainda. Não importa!"

Mastigo um pedaço do meu misto-quente.

Babo?
— Oi, filha?
— Eu te amo!
— Ohhhhhh, eu também te amo, filha.
"Assim eu não aguento!"
A Ju chega à mesa e me dá um beijo na testa:
— Recebeu mensagem do Seu Zé?
Balanço a cabeça, inconformado:
— Nada. Ele tá fugindo de mim.
— Por que ele fugiria de você?
Ponho a mão na cintura:
— Você acredita que ele falou que eu falo demais?
Ela cai na risada.
Fico mudo, congelo.
Sinto a pulga atrás da orelha:
— Amor? Você acha que eu falo demais?
Ela olha de lado e solta:
— Ééééé, um pouco.
"Não acredito!"
Ela muda de assunto:
— E então, como foi com a empresa que vai fazer seu parque?
— Nosso parque, Ju!
Ela senta e me olha desconfiada.
— Fala, vai!
Minha filha segue para o quarto. Eu olho para a Ju e respondo:
— Temos uma dívida de 140 mil.
— Bruno?
Prossigo:
— E temos que pagar em sete dias, já assinei o contrato.
Ela balança a cabeça e respira fundo:
— Você vai tirar dinheiro de onde?
Rio:

– Não sei ainda, amor. Vou descobrir!
– Você é doido.
– 580 metros quadrados de parque, Ju. O maior da América Latina!
"Estou feliz!"
Ela fica me olhando abismada e eu como mais um pedaço de pão.
Acrescento, ainda de boca cheia:
– E hoje é o Dia da Princesa!
– E como vai ser?
– Comprei um vestido para ela e depois a gente vai jantar de mãos dadas, vou abrir a porta do carro para ela, essas coisas, você sabe.
– O Príncipe.
Rio:
– O Príncipe!

O quanto vale a sua família para você?

"A verdadeira felicidade está na própria casa, entre as alegrias da família." Leon Tolstói

Se você quer ser uma pessoa de sucesso e almeja ter dinheiro, não esqueça que deve honrar as pessoas a sua volta, começando pela sua ancestralidade e seguindo pelos seus descendentes. Pessoas de sucesso não ignoram a sua família, mas cuidam dela.

Minhas filhas têm o Dia da Princesa, pois quando se tornarem jovens e adultas não terão que passar por várias decepções afetivas, para tempos depois, compreenderem que podem escolher melhor para a vida delas.

O amor e o exemplo que dispensamos aos que amamos são a melhor arma para protegê-las dos não tão bem-intencionados do lado de fora.

Se você prestar atenção, vai perceber que as pessoas bem-sucedidas e felizes vivem, antes de tudo, para sua família, e não somente para si mesmas.

Ser um bom pai e exemplo para minhas filhas foi uma escolha e atitude que me faz feliz todos os dias, quando preparo o café da manhã para as três mulheres da minha vida. Para minha esposa, que recebe o café na cama, é um descanso, enquanto sirvo minhas meninas na mesa e depois as levo para a escola.

O amor é algo a ser exercido diariamente, assim como a vontade de trabalhar e cuidar de si e da saúde, de todas as formas. Não somos apenas uma máquina de trabalho, mas seres humanos que precisam de pessoas e corpos que necessitam de autocuidado.

Cuide-se sempre! E cuide de quem é importante para você.

Venda sua ideia com o melhor que você tem no momento

Eu estou no meu escritório, enviando e-mails com um modelo do meu futuro parque, que fiz no PowerPoint.

Falo comigo mesmo, todo orgulhoso:

– Ah, ficou bom, vá!

"É o que dá para fazer no momento!"

Estou com uma lista de e-mails de hotéis da cidade e redondeza, prefeitura, *resorts*, concessionárias e tudo o que eu imaginei que pode ser meu cliente, para enviar meu convite:

"Dia das Crianças está chegando! Quer fazer um evento e promover a sua empresa? Reserve já sua locação do maior Parque Inflável da América Latina e crie um evento inesquecível para seus clientes. Para efetuar a reserva, é necessário adiantar 30% do valor da locação! O brinquedo tem capacidade para 70 pessoas brincarem ao mesmo tempo. Não é incrível? Imagine o dia inteiro! Quer saber mais? Fale comigo! Obrigado. Bruno, do Baú da Alegria!"

A ideia era a seguinte, alugar o inflável gigante para grandes empresas, mesmo ele ainda em fabricação, conseguir um dinheiro para uma pré-reserva, enviar para a fabricante e torcer para ele ficar pronto na data que as empresas fechassem o contrato.

Aperto o *"enter"* e envio para vários futuros clientes, de uma vez.

– Vai dar certo! Vai dar certo!

CAPÍTULO 3

Levanto-me para fazer um café.

Enquanto a máquina de café prepara, dou uma olhadinha no celular. Mandei várias mensagens para o Seu Zé, mas o tranqueira não me responde.

Suspiro.

"Visualizou pelo menos. Tá vivo!"

A Juliana entra na sala.

– Ju, nós temos fantasia de He-Man?

– He-Man?

– É para o Seu Zé!

– Mas ele não sumiu?

Assinto:

– Mas ele vai aparecer.

Ela fica me olhando:

– É sério isso, Bruno?

– É. Você providencia para mim?

Ela concorda e eu ofereço:

– Café, amor?

Mais cedo ou mais tarde, as coisas vão dar certo

Na mesma tarde, eu estou no escritório e começo a receber vários e-mails, referente ao que enviei pela manhã.

– Está dando certo. As pessoas querem alugar o meu parque!

"E ele ainda nem existe fora do papel!"

O meu telefone toca:

– Alô? Sim! O parque? Ah, com ele o evento pode ter uma multidão. Temos um caminhão de transporte, sim, senhor.

"Não acredito! Eu vou conseguir pagar a entrada da fabricação do parque!"

Estou em êxtase.

Continuo dando explicações sobre o parque:

– Tem quatro toneladas... sim, tem piscina de bolinhas, labirinto. Eu posso alugar por um ou vários dias. Custa quinze mil a diária. E eu tenho caixa de som para alugar também, viu?... Claro, o senhor vai precisar.

"Vou precisar comprar mais fantasias. Cadê o Seu Zé, quando eu mais preciso do doido?"

Dificuldades sempre podem aparecer, importante é ter calma e se manter firme, sempre existe uma saída

O tempo passa e eu não apenas consegui pagar a metade do parque com as reservas que fiz, como pude investir ainda mais no Baú da Alegria. E depois paguei tudo!

O parque ficou pronto e é um sucesso!

Suspiro.

"Empresa de festinha virou uma empresa de megaeventos!"

– O palhaço está feliz, gente...

Estou no meu escritório, fazendo uma infinidade de reservas e planejando fabricar finalmente o maior parque inflável do mundo.

– Agora vai!

A Ju entra na sala e faz café na máquina.

Fico olhando para ela, que logo puxa um assunto:

– Você vai mesmo construir o maior parque do mundo, Bruno?

– E por que não?

Ela balança a cabeça, sorrindo.

Eu falo:

– Nós estamos ganhando muito dinheiro, fazemos várias viagens, nós nunca estivemos tão bem na vida, por que não investir mais?

– Não sei, você que sabe, amor.

Ela sai e eu fico pensando no Seu Zé.

"O que será que aconteceu com ele? Já passou tanto tempo. Podia estar aqui, de boa, trabalhando comigo, poxa vida."

– Eu tinha que ter conseguido o endereço dele! Saco...

Eu me viro para o computador.

Abro um site de notícias e me preocupo com uma delas:

– Pandemia? É sério isso?

CAPÍTULO 3

Começo a ler e fico realmente preocupado.
Chamo bem alto:
– Juuuu, vem aqui, por favor?
Continuo lendo.
"Eu não acredito!"

Quando tudo parece estar perdido, sempre existe uma saída

Três meses depois, eu estou enclausurado em casa com a família, pensando sobre o que fazer da vida.

Eu estou na sala, olhando a tela do celular, quando minha esposa se senta ao meu lado:
– O que foi, Bruno?
– Acabou nossa reserva, Ju.
– Mas não é culpa nossa, com a pandemia, ficou tudo parado.
– E ninguém sabe quando isso vai acabar. O que a gente faz?
Ela balança o queixo para os lados, olhando para o chão.
"O que a gente faz, meu Deus?"
Eu me sinto profundamente chateado, mandei todos os nossos funcionários embora.
"O que eu podia fazer?"
– Acabou tudo, Ju...
Ela me abraça e ficamos assim: em silêncio, abraçados.
"Acabou tudo!"

Exercício

O quanto você se dedica ao seu *networking*?

Você se preocupa com as pessoas a sua volta? E com aquelas que representam um potencial de bons negócios para você?

Como você costuma abordar as pessoas? Pessoalmente, por e-mail ou redes sociais? Tem uma estratégia para isso?

Você considera que tem uma boa comunicação? Sabe se apresentar?

SAINDO DO ZERO

Responda as perguntas a seguir com sinceridade.

1 – Você se considera uma pessoa que sabe sorrir e conversar com simpatia e paciência com o seu interlocutor? Ou você perde a paciência com qualquer resposta mais atravessada que possa receber? Você tem boa educação ao falar e se expressar?
___
___
___
___
___

2 – Você sabe escrever um e-mail coerente e convincente quando precisa abordar alguém que ainda não conhece? Sabe como contatar um desconhecido por suas redes sociais sem ser inconveniente?
___
___
___
___
___

3 – Que assuntos você aborda para criar *networking* com uma pessoa durante ume evento de negócios? Você já criou uma estratégia para isso? Se sim, descreva a seguir como ela funciona.
___
___
___
___
___

CAPÍTULO 3

4 – De que forma você pode melhorar o seu *networking* hoje?
_____
_____
_____
_____
_____

5 – De que maneira você pode evoluir sua comunicação, seja pessoalmente ou via Internet e telefone?
_____
_____
_____
_____
_____

 Avalie suas respostas e considere a necessidade de investir em cursos de desenvolvimento pessoal, assim como um dia eu comecei a fazer. Tudo aquilo que desperta e melhora o seu conhecimento não é custo, mas investimento.
 Melhora você, melhora seus negócios e transforma a sua vida!

4 TRIB

"Quem estará nas trincheiras ao seu lado?
– E isso importa?
– Mais do que a própria guerra."

Ernest Hemingway

CAPÍTULO 4

TRIBO

Você tem sua tribo? Ao menos, já parou para pensar na importância das pessoas que estão ao seu redor?

Atualmente, costuma-se dizer que somos a média das cinco pessoas com quem mais convivemos. Quem fez essa afirmação foi o americano Jim Rohn, empreendedor, autor e palestrante motivacional. Segundo ele, não importa se são duas, três, cinco ou sete pessoas. A verdade é que vamos influenciar nossa vida na mesma intensidade com que somos influenciados pelas pessoas ao nosso redor. E se você vasculhar fundo na sua memória, irá se lembrar que isso é bem mais antigo do que agora se fala: *"Diga-me com quem andas e lhe direi quem és!"*.

Se você anda com pessoas que estão constantemente envolvidas em fofocas ou que simplesmente falam de coisas superficiais, fatalmente você falará disso também. Quando nos cercamos de pessoas positivas, nos tornamos positivos e vice-versa. Isso é facilmente observável em organizações onde a cultura organizacional é tóxica ou saudável, o que sempre ocorre de cima para baixo, de onde vem o poder e exemplo a ser seguido, além de quem dita as ordens e regras sobre como tudo funciona naquele meio. Uma empresa com pessoas e líderes positivos torna o meio agradável. E o contrário também é verdadeiro.

Se você quer mudar a si mesmo, deve observar as pessoas que tem afinidade com você, mesmo que isso doa! Se você convive com pessoas que não tem visão de negócios e se satisfazem com um salário fixo no fim do mês, ainda com necessidades financeiras, dificilmente você se sentirá motivado a ter uma perspectiva de vida melhor e mais audaciosa.

O que quero dizer com tudo isso?

Pense no que você quer! E se aproxime ao máximo de pessoas que já conquistaram o que você procura. Com isso, você recebe inspiração, motivação e oportunidades de aprendizado e crescimento.

Se você está doente, não se aproxima de médicos ou profissionais que o ajudem? Se sonha em ser mãe, não se aproxima de mulheres grávidas? Se quer ser rico, se aproxime de pessoas ricas. Se quer ser empreendedor, se aproxime de empreendedores. E por aí em diante. Isso vale também para valores: quer ser respeitado? Respeite em primeiro lugar! Quer viver numa sociedade ética? Seja ético! Tudo que vai, uma hora volta!

Construa uma tribo que combine com seus valores e interesses, torne-se responsável por administrar o foco do seu grupo, conduza, seja o líder!

Dê seu valor para uma empresa e será remunerado por isso, dê seu valor a milhares de pessoas e enriquecerá! Simples assim. A escolha é sua!

Para você ganhar muito dinheiro, tem que vender para muita gente, se vender um a um, pode receber algo razoável, mas para um valor bem maior, tem que aprender a vender para milhares de pessoas. Milionários não vendem para uma pessoa só. Eles têm múltiplos negócios para múltiplas pessoas. Se é da sua vontade seguir esse caminho, você precisa aparecer nas redes sociais, gravar vídeos e conseguir o maior número de seguidores possível. A sua tribo virtual significa seus clientes em potencial.

Não é lindo?

CAPÍTULO 4

É simples! Qualquer pessoa pode fazer isso hoje em dia, basta querer!

Se você tem uma pizzaria, grave vídeo sobre pizzas. Se abriu um *Sex Shop*, certamente irá falar dos prazeres da carne e da inovação de seus produtos. Se você quer vender sua imagem, pode dar dicas de qualquer coisa que goste, o que faz no dia a dia, o que pensa etc.

Primeiro, você contribui com a sua tribo, informando, dando conselhos e informações relevantes sobre o tema que domina e só depois oferece algo para vender.

No passo a passo da tribo, primeiro você pensa qual é a sua tribo hoje e decide se ela vai continuar sendo a mesma ou não. Uma vez que definiu e construiu sua tribo presencial, começa a investir na sua tribo virtual. E nunca mais deixe de trabalhar nisso, pois você realmente é resultado do meio em que vive!

Quer ser grande ou pequeno?

Você escolhe!

Reencontrar velhos amigos pode abrir novas portas

Eu estou no trânsito, ainda no meio da pandemia.

"Quanta tristeza, meu Deus! Quanta tristeza!"

Observo as ruas vazias, percebo o frio do lado de fora, parece uma cidade fantasma.

– Não tem ninguém!

Faço uma oração silenciosa:

"Pai Nosso que estais no Céu, santificado seja o Vosso Nome, venha a nós o Vosso Reino..."

Continuo dirigindo e orando em pensamento, mas presto atenção a um único homem que avisto no farol.

"O que será que ele está fazendo ali? Com esse frio?"

Eu me aproximo devagar.

"Será que eu tenho uma nota de cinquenta para dar para ele?"

Paro o carro no sinal vermelho e abaixo o vidro. Coloco a máscara para falar com ele, já retirando um dinheiro da carteira.

Ele se aproxima de máscara e agradece, sem jeito:
– Obrigado, senhor!
"Ei! Eu conheço essa voz!"
Dou um grito:
– Seu Zé?!
Ele arregala os olhos e eu puxo o freio de mão. Jogo o carro no canteiro e desligo:
– Seu Zé?! Seu doido!
Eu tiro a máscara e desço em seguida:
– Por que o senhor não foi atrás de mim como combinamos? Eu tô feito um doido atrás do senhor.
Ele fica parado, atônito, aparentemente sem saber o que fazer.
– O que foi, seu Zé?
Ele olha para o chão.
– Seu Zé, o que está acontecendo?
Percebo que ele tem os olhos lacrimejados e não quer que eu veja.
– Olha para mim, seu Zé, sou eu, o Bruno, o tagarela do hospital, lembra?
Sem pensar muito, eu dou um abraço no doido e bato em suas costas:
– Eu liguei ao hospital para saber do senhor e o senhor já tinha saído. Depois que o senhor não apareceu, liguei de novo, pedindo seu endereço, mas ninguém me deu. Por que, seu Zé? Por que o senhor não me procurou?
Estamos de pé, um de frente para o outro.
"Percebo que ele está magro, sujo e aparentemente muito triste."
– Eu fiquei com vergonha.
– Mas por que, seu Zé?
Eu me sento num banco de cimento e continuo de frente para ele. Percebo alguns pertences no chão.
"Será que ele está morando na rua mesmo, meu Deus? É isso?"

CAPÍTULO 4

– Você é rico, Bruno, não faz sentido você ajudar uma pessoa como eu.

– O contrário, Seu Zé. Se eu tenho mais condições, é minha obrigação como ser humano ajudar o senhor.

Ele respira fundo e se senta no chão, na minha frente.

– Tá gelado aí, seu Zé.

"Bom, aqui também está."

Ele parece nem ouvir.

"O doido tá vivo... não está bem, mas estou feliz que finalmente o encontrei!"

– Seu Zé, onde o senhor está morando?

Ele olha em volta de onde estamos e vejo um resto de fogueira na grama ao lado e uns pedaços de papelão.

– O senhor está morando na rua?

Ele abaixa a cabeça.

– Eu não acredito que o senhor prefere morar na rua do que trabalhar comigo.

– Foi a pandemia – ele solta.

"Está muito frio aqui."

Lembro que tenho blusas no carro.

– Espera um pouco!

Eu me levanto, abro o porta-malas e pego duas jaquetas que costumo deixar aqui para a academia, à noite.

– Pega – jogo em cima dele.

Ele olha desconfiado.

– Mas isso aqui é muito caro.

Falo firme com ele e faço ele vestir a jaqueta, depois de vestir a minha:

– Seu Zé, chega, eu estou mandando o senhor vestir isso aqui!

Fecho o zíper da jaqueta depois de perceber o frio de suas mãos.

– Seu Zé, Seu Zé, eu não acredito que o senhor fez isso com você mesmo, depois de tudo que conversamos no hospital. O que aconteceu? Me conta.

Ele suspira e começa a falar:

— Depois eu que voltei para casa, pensei em te ligar, mas decidi tentar um emprego por conta, mas não consegui. Fui fazendo uns bicos aqui e ali...

— E a depressão?

Ele entorta o pescoço para o lado;

— É... não sei...

— O senhor parou com a maluquice de querer se matar, né?

Ele assente:

— Parei, apesar da vida ter piorado.

— Eu não entendo ainda, por que o senhor não me procurou?

Ele balança a cabeça para os lados:

— Não é fácil, rapaz, ser um homem da minha idade, pobre, doente, ir amolar um jovem rico.

— O senhor só me amolou porque sumiu, eu fiquei preocupado. Não sabia onde procurar o senhor.

Para um carro no farol e o motorista fica olhando para a gente. Ficamos em silêncio alguns minutos.

Olho para as ruas vazias, uma sensação de morte, medo.

"Até quando vai essa pandemia, meu Deus?"

Olho para o Seu Zé e fico pensando no que ele tem passado, morando na rua.

Eu fico em pé:

— Vamos para casa, Seu Zé!

— Que casa, Bruno?

Gesticulo com a mão e o faço levantar em seguida:

— Eu não vou perder o senhor de novo, Seu Zé. Vamos embora!

Ele me olha, assustado:

— Para onde?

— Para a minha casa! Anda!

— Eu? Sujo deste jeito? Eu não tenho nada.

Toco seu ombro:

— Seu Zé, não importa o que o senhor tem ou não tem. O senhor tem um amigo! Aqui, tá vendo?

CAPÍTULO 4

Ele segura o choro.

Tento facilitar as coisas para ele, o empurrando até a porta do passageiro e abro a porta:

– Vamos!

Ele entra e nem olha para trás.

Fecho a porta dele e sigo para a minha.

Vejo pela última vez os pertences dele no chão.

"Coitado. Como será viver desse jeito? E eu reclamando da pandemia, meu Deus..."

A solidariedade em meio ao caos

Você já pensou em ser bom no momento menos propício para isso? Todos queremos ser bons, ou uma grande maioria, mas a bondade e caridade parecem difíceis num mundo onde o egoísmo e o individualismo têm tomado conta da sociedade, exatamente na forma como vivemos, trabalhamos e interagimos.

Ser bom dentro de casa já é algo bastante positivo, pois é ali onde tudo começa. Porta afora, mesmo um pedido de ajuda pode não ser sincero, mas uma estratégia de golpe, de um falso mendigo, uma falsa ONG, um falso conhecido e daí em diante. Até mesmo ajudar tem sido algo complexo.

Se ser altruísta é raro e complicado, na pandemia, onde corremos os riscos de adoecer e tantos perderam o emprego e o dinheiro, parecia o pior momento para ajudar alguém, mas foi nessa época que o Seu Zé reapareceu na minha vida. Eu não iria virar as costas para ele justo nesse reencontro. E ele estava numa situação bem pior do que quando nos conhecemos. E eu também.

Essa história me emociona, porque me faz lembrar que tudo o que a gente planta, um dia colhe; tudo o que vai, uma hora volta. E quando eu estendi a mão para o doido, eu não tinha noção do que ia acontecer, mas ele acabou sendo a inspiração que faltava para uma mudança de vida.

Muitas vezes, aquilo que você se recusa a fazer em prol do próximo é o que o levaria a algo melhor.

Pense nisso!

Quando a gente estende a mão para alguém, estende a mão para a vida. E ela retorna para nós de alguma maneira!

Entenda o momento das pessoas, às vezes bastam pequenos gestos

Eu chego em casa, na sala, junto com seu Zé, que ainda se sente desconfortável.

Chamo a minha esposa:

– Ju!

Ouço de longe:

– Oi, amor?

– Vem aqui, por favor!

O Seu Zé está visivelmente sem jeito.

A Ju chega e olha com estranheza:

– Oi!

– Achei o Seu Zé, Ju!

Ela sorri e fala em tom bem alegre:

– Seu Zé! O Bruno procurou tanto o senhor, que bom que chegou!

Sua generosidade quebra o constrangimento do doido.

Ela dá a mão para ele. Ele olha para a mão dela e depois para mim, que respondo:

– Cumprimenta a Ju, Seu Zé!

Ele abaixa a cabeça para o lado:

– Minha mão tá suja!

"Coitado!"

– Vamos fazer o seguinte, Seu Zé! Vem para o seu quarto, toma um banho e depois você cumprimenta a Ju e as meninas.

Eu começo a andar, o puxando:

– Meu quarto?

– É, Seu Zé! Vem!

Vejo a Ju sorrindo.

Vou andando e empurrando o Seu Zé para vir comigo.

Não deixe ninguém para trás ao longo da sua jornada

– Vai, Seu Zé, vai lá!

Aponto a porta do banheiro do quarto, já aberta para ele.

Ele me olha, envergonhado:

– Eu não tenho outra roupa para pôr.

– Eu vou pegar umas roupas para o senhor e deixar aqui em cima da cama. Não se preocupe.

Ele entorta o pescoço:

– Posso jogar essa fora?

Eu rio:

– Deve! Jogue tudo fora! Deixe o passado para trás!

– Obrigado!

Percebo que ele ainda está sem jeito.

– Seu Zé, vai tomar seu banho, demore o tempo que precisar. Depois nós vamos comer!

"Deve estar morrendo de fome. Com o frio que estava na rua!"

Ele abaixa a cabeça e vai.

Eu fecho a porta para ele e saio do quarto, também fechando a porta.

Do lado de fora, eu fecho os olhos.

"Obrigado, meu Deus! O Senhor pôs o doido no meu caminho de novo. Eu não vou perdê-lo de novo, eu prometo!"

Generosidade vai trazer frutos gigantes no seu futuro

Eu estou na cozinha com a Ju.

– Ele estava sozinho na rua, Ju. Não tinha ninguém. Um frio horrível e aquele vazio que a gente nunca viu antes.

Ela balança a cabeça para os lados, enquanto frita algo sobre o fogão:

— Essa pandemia faz parecer que o mundo acabou, Bruno. Que sorte você encontrar Seu Zé no farol. Imagina?!
— Ju?
Ela me olha:
— Quê?
— Não foi sorte. Foi Deus!
Ela suspira.
— Tá feliz, Bruno?
— Muito!
— Mas você sabe que a gente tá sem grana, né? Como a gente vai fazer?
— Ainda não sei, mas a gente sempre encontra um jeito, você sabe.
Ela larga a frigideira um instante e me dá um beijo:
— Eu confio em você!
Sorrio:
— Obrigado!
Ficamos alguns segundos em silêncio. Presto atenção no barulho do chuveiro:
— O doido ainda está no banho.
Ela fala baixinho:
— Coitado, ele estava fedido.
Começo a dar uns passos rumo ao meu quarto:
— Vou separar umas roupas minhas para ele, Ju.
— Você não existe, Bruno!
Saio da cozinha em direção ao meu quarto.
"Tenho um monte de coisas que eu não uso. Vão servir para o doido!"

Você sempre pode ajudar alguém que necessita mais que você. Isso fará você uma grande pessoa

Já na mesa de jantar, estamos eu a Ju e as crianças, esperando o Seu Zé chegar.
Eu explico para as meninas:

CAPÍTULO 4

– O Seu Zé é um amigo que eu fiz quando estava no hospital e agora ele vai ficar um tempo aqui com a gente.
– Ele é legal, pai? – a filha mais velha pergunta.
Assinto:
– É sim, mas ele está meio sem jeito ainda.
– Ele é tímido? – minha filha mais nova pergunta.
– É, mais ou menos isso. Tenham paciência com ele, tá bom?
Elas concordam e falam entre elas sobre outro assunto.
Olho para a Ju, que está de acordo com as minhas decisões.
– Obrigado, Ju!
– Por que, Bruno?
– Por me apoiar em tudo que eu faço.
Ela sorri:
– Você sempre acerta!
"Obrigado, meu Deus!"
O seu Zé chega!
"A roupa coube bem nele!"
Eu levanto rapidamente e movo a cadeira para ele se sentar:
– Bem-vindo, Seu Zé! Serviu direitinho, hein?
– Obrigado pelas roupas.
Ele se senta e fica olhando para as meninas. Eu apresento:
– Essa é a Manu e essa é a Emily!
Ele apenas move a cabeça e sorri.
Estamos todos sentados e começamos a nos servir e comer, com naturalidade.
– O senhor tá em casa, Seu Zé! Coma! O quanto quiser!
Não é preciso falar duas vezes.
Ao mesmo tempo que sinto pena, ainda pensando em todo o sofrimento que ele passou na rua, agradeço internamente pela bênção de tê-lo em casa.
"Eu não vou perder o senhor, seu Zé!"
Suspiro, olhando para ele.
"O doido..."

Nunca é tarde para construir novas habilidades

No dia seguinte, eu estou no escritório em casa, logo após o café da manhã, quando o Seu Zé entra:

— Bruno, eu queria fazer alguma coisa.

— Como assim, Seu Zé?

Ele se senta.

— Eu gostaria de ajudar, não sei, lavar seu carro, limpar a casa...

Eu suspiro:

— Estou pensando sobre o que fazer também, seu Zé. O senhor me ajuda?

— Claro, mas eu não sei como. Me diga.

Eu me levanto da mesa do computador e me sento ao lado dele, no sofá:

— Essa pandemia acabou com tudo, Seu Zé. Eu preciso achar uma maneira de reverter a minha situação:

— E no que você está pensando?

— Tá todo mundo fazendo *live* agora, eu estou pensando em fazer isso também.

— *Live*?

— É, vídeos ao vivo, interagindo com outras pessoas. Vem cá, vou mostrar para o senhor.

Nós nos levantamos e eu mostro um perfil no Instagram e algumas *lives*.

— É, eu não entendo muito bem disso aí, não. Mas por que você não faz um vídeo vestido de Pokémon, igual você falou lá no hospital?

Eu congelo e sinto o ar parar, meu coração palpita de um jeito diferente:

— De Pokémon, seu Zé?

— É, Pokémon, Digimon...

Eu grito e começo a pular na frente do computador ainda na cadeira:

— He-Man... é isso, seu Zé, é isso! O senhor é um gênio!

— Gênio, eu?

CAPÍTULO 4

Eu me levanto e começo a falar sem parar:
– Eu vou fazer vídeos vestido com fantasias, vamos promover as festas de crianças *online*.
Seu Zé fica quieto, só olhando.
Eu chamo minha esposa:
– Juuuu, Juuuu, corre aqui!
Dou um aperto de mão no doido:
– O senhor me salvou, seu Zé!
– Salvei?
Vou até a porta e grito mais alto:
– Juuuu, corre, amor!
Ouço de longe:
– Tô indo, Bruno!
Ela chega, ofegante, já que veio correndo:
– O que é?
– Eu já sei o que nós vamos fazer: eu, você e o Seu Zé!
Eles se entreolham e depois ficam olhando para mim:
– Amor, pega umas fantasias que caibam em mim!
– O que você vai fazer?
– Vou fazer uns vídeos. Vou anunciar que o Baú da Alegria vai fazer festa *online*.
Ela responde, boquiaberta:
– Caraca, Bruno!
– Não é genial?
Ela sorri:
– Pode dar certo, amor!
– Já deu certo!
Aponto para o Seu Zé:
– Ideia do doido!
– Doido?
Eu rio:
– Doido genial, Seu Zé!
Olho para a Juliana:

– Vai, Ju, escolhe umas três fantasias para mim. Eu vou começar agora mesmo!

Estou com sorriso de orelha a orelha, encarando o doido:
– Show, Seu Zé! Show!

Ele me olha com cara de uó:
– E o doido sou eu... – ele solta.

Eu rio.

A criatividade natural e inspiradora

Já dizia Albert Einstein:

"O segredo da criatividade está em dormir bem e abrir a mente para as possibilidades infinitas. O que é um homem sem sonhos?"

Quanto mais a sociedade se desenvolve, mais criativos precisamos ser. Isso porque a inovação precisa acontecer a todo momento. Com tanta competitividade e concorrência, quem se sobressai é aquele que cria algo diferente. Mas como criar algo inovador num mundo onde tudo já existe ou está sendo criado? Existe um processo criativo em andamento que nunca para.

Dizem que o dinheiro, o sucesso e a prosperidade seguem a alegria. Você percebe a profundidade e significado disso? Eu explico: tudo aquilo que fazemos de coração recebe nossa melhor energia, nossos risos e a vida que temos em nós.

Quem faz um trabalho focado apenas no dinheiro perde a possibilidade de fazer algo com amor e com energias inerentes à vida e ao próprio ser humano.

Quando eu fiz os vídeos para a Internet, fantasiado, eu realmente me diverti, ri e fui feliz naqueles momentos. A alegria de fazer algo assim reverberou em outras coisas positivas. Quem trabalha reclamando há de colher maus frutos, mas quem trabalha sorrindo, colhe frutos doces e maiores.

Assim é a vida. E por mais que eu visse no Seu Zé alguém que eu precisava ajudar, sua presença acabou me ajudando também.

Um milagre? Talvez. Porém, um milagre da vida: do dar e receber.

CAPÍTULO 4

Se acabou dando certo, acredito que a honestidade e boas intenções com que fizemos esses vídeos e tudo o que envolvia esse trabalho nos permitiram uma criatividade natural, inspiradora e que contagiou outras milhares de pessoas.

Quer fazer algo novo, diferente e que ninguém ainda pensou em fazer? Tente fazer com alegria em primeiro lugar, com amor. O resto é consequência de suas intenções!

Acredite!

Plante o bem, que a boa colheita chega à sua vida e à sua tribo!

Às vezes, precisamos fazer um pouco de tudo para crescer nossos negócios e está tudo bem

Ainda no escritório, o seu Zé está segurando uma lâmpada enorme, de cima de uma cadeira:

— Vai, Seu Zé, não derruba, presta atenção.

Ele ri:

— Você está patético de galinha, Bruno!

— Não é só uma galinha, doido, é a Galinha Pintadinha!

Ele ri:

— Você vai fazer có có có no vídeo, cara?

"Boa!"

Falo firme:

— Vou fazer có có có e ciscar. Não me chamaram de palhaço antes, quando saí do emprego para ser empreendedor?

Ele chacoalha a cabeça.

— Presta atenção, seu Zé! Eu vou começar a cacarejar, o senhor muda a direção da lâmpada, conforme eu mudar o braço e fizer sinal para o senhor.

A Ju chega à porta e cai na risada:

— Precisam de ajuda?

— Por enquanto, não, amor. Depois vamos fazer um vídeo juntos!

Ela ri:

— Ai, Bruno, só você, amor... que fantasia eu pego para mim?
— Uma que combine com a galinha, ué!
— Jesus... – ela sai falando – já volto!
Eu ajusto a câmera e aperto o *play*:
— Có có có có... Olá, pessoal, tudo bem? Eu sou a Galinha Pintadinha do Baú da Alegria e estou aqui para avisar você que está fazendo aniversário, que você pode fazer a sua festa virtual com a gente. Você pode escolher o tema da festinha, que os personagens vão fazer várias brincadeiras ao vivo para você e seus convidados. Quer saber mais? Liga para a gente ou entra em contato por e-mail. Informações na legenda!
Eu danço e derrubo um objeto de cima da mesa, sem querer.
Seu Zé ri.
Aperto o *play* para desligar.
— E aí, valeu?
Ele desce da cadeira.
— Vamos ver...
Seu Zé cai na risada:
— Você está patético, Bruno!
Olho para ele e nem respondo.
"Estou feliz!"
Assistimos ao vídeo de novo e repetimos a cena várias vezes, até ficar perfeito.
A Ju chega vestida de Peppa Pig.
Eu elogio:
— Aí, Ju, ficou perfeito!
Seu Zé começa a se soltar:
— Eu quero participar também, quero uma fantasia de boi.
Olho para ele, sem resistir:
— Com chifre ou sem chifre?
Caio na gargalhada e provoco:
— Com chifre, pro Seu Zé, Ju!
O dia em que eu fui a Galinha Pintadinha, inesquecível.

CAPÍTULO 4

Adaptar seu negócio rápido para não deixar a empresa morrer é o que fazem os grandes campeões

Em meio à pandemia, uma empresa de eventos não teria muito o que fazer, então criamos festas *online*, após alguns vídeos no Instagram e no Facebook, começo a receber contatos de pais aliviados pela oportunidade de fazer o aniversário de seus filhos num momento tão incerto.

"Quando vai acabar, meu Deus?"

Comemoro comigo mesmo:

– Está dando certo! Está dando certo!

O Seu Zé entra no escritório:

– Já deu certo, Bruno!

Eu assinto e mudo de assunto:

– Sabe, Seu Zé? Eu estava desesperado quando encontrei o senhor, não via saída, e o senhor viu como Deus é bom?

– Como assim?

– Eu ajudei o senhor, de coração. E a ajuda veio em seguida.

Ele balança a cabeça.

– Acho que entendi. Você acha que encontrou uma saída porque me ajudou?

– E não é? Tudo o que a gente faz para os outros volta para a gente.

Ele fica pensativo e em silêncio.

Eu continuo falando:

– Também consegui renegociar prazos e dívidas com fornecedores. Se os vídeos continuarem dando resultado, logo posso recontratar algum funcionário. Isso é muito bom.

– Como eu posso ajudar mais, Bruno?

Olho sério para ele:

– Ô doido, você já está me ajudando! Quando eu precisar de outra ajuda, eu peço.

Ele vira para sair:

– Tá bom, vou lavar seu carro.
Eu rio:
– Tá bom, Seu Zé, vai lá!
"O doido..."
Sussurro:
– Lavar o carro, nesse frio...

Você pode criar sua realidade

Eu estou prestes a começar a primeira palestra que organizei na vida, sempre sonhei em motivar as pessoas e ajudar as pessoas a lutarem por seus sonhos. Decidi ser palestrante e levar minha mensagem para o mundo.

"Obrigado, meu Deus!"

Olho para a plateia, que está cheia, e me lembro da trajetória até aqui.

Dou os passos até o meio do palco, junto ao microfone:
– Boa noite!

Ouço a resposta em uníssono.

E começo a compartilhar justamente esse momento da pandemia, desde a minha queda até chegar à forma como consegui organizar esse evento:

– Quando eu decidi fazer esta palestra, não tinha ainda outros palestrantes comigo, e percebi que não estava conseguindo vender o número de ingressos o suficiente nem mesmo para pagar o evento. E sabem o que eu fiz?

Olho para as pessoas, que parecem ansiosas pela resposta.
Silêncio.

– Eu usei o Instagram para pedir dicas e conselhos para os maiores palestrantes que tinha conhecimento. Adivinhem? Alguns responderam e tiveram a generosidade de falar comigo, até por mais de uma hora.

Vejo vários movimentos de pescoço, em concordância com a minha atitude. O brilho nos olhos de alguns, inclusive da Ju e do

CAPÍTULO 4

Seu Zé, me motivam a continuar compartilhando a experiência com toda a honestidade que me cabe:

– Quem aqui conhece o Geraldo Rufino?

Ouço palmas e assobios.

– Pois é, vocês viram um vídeo meu junto com ele, convidando as pessoas justamente para esta palestra, não é mesmo?

Dou uns passos no palco, criando um suspense, antes de contar como eu consegui essa proeza.

– Eu me abri com ele. Ele nem me conhecia, mas me deu dicas valiosas e se ofereceu para fazer o vídeo comigo. E por que eu estou contando isso para vocês?

Estralo o pescoço e faço vários contatos visuais:

– Porque o que eu fiz foi algo simples, que está ao alcance dos dedos de qualquer um de nós. O que me permitiu alcançar isso foi a ousadia de tentar. Qual o problema em tentar? O não a gente já tem. Quando a gente tenta alguma coisa, cria a possibilidade do sim.

Respiro profundamente e pergunto:

– Quantas possibilidades de sim vocês estão criando na vida de vocês?

Silêncio.

– Ou quantos "sins" vocês estão deixando de criar, por que estão apenas esperando alguma coisa acontecer ao invés de criarem suas próprias oportunidades?

Vejo o brilho nos olhos dos participantes e me encho de orgulho.

A palestra continua e eu menciono outros nomes que se abriram para me ajudar, com muita generosidade, mediante minha ousadia:

– Pessoas como Elaine Julião, da Revista Empreenda, que fez uma *live* comigo, quando eu nem era conhecido. Fábio Fernandes, palestrante, aceitou minha oferta de fazer qualquer coisa para ele para poder me aproximar dele. Ele aceitou! Não foi naquele momento, mas eu consegui trazer essa pessoa para a minha tribo.

Suspiro e movimento um pouco meu corpo no palco, trazendo a atenção plena das pessoas até mim.

— Quem é a sua tribo hoje? Quem você quer que faça parte dela? Vocês já pararam para pensar o quão importante é ter pessoas que servem de inspiração para você na sua tribo? Eu conheci a Laís Macedo, a Carol Paiffer, e trouxe um pouquinho delas para a minha tribo.

Olhos atentos.

— Se você quer emagrecer e focar no esporte, você não deve se aproximar de pessoas que se cuidam e estão em forma?

Foco no contato visual e vejo que há reciprocidade, e sigo:

— Se você quer ser pai ou mãe, não se aproxima de quem já se tornou pai e mãe para entender melhor do assunto?

Silêncio e atenção.

— Assim você vai formar a sua tribo. O que você quer da sua vida? Quer ser empreendedor? Estar no mundo dos negócios como eu quis? Então siga pessoas que estão se destacando nisso, na área em que você deseja atuar. Siga pessoas que motivam você a seguir em frente. E traga essas pessoas para a sua tribo. Inspire-se em quem pode ensinar você. Em quem traz exemplo a ser seguido e aprendido.

Palmas em conjunto.

Continuo falando e vibrando cada palavra, pois acredito piamente em cada uma delas.

"Obrigado, Senhor! Obrigado!"

A sua Tribo, a sua energia

Aquilo que você emana é o que fala sobre você, antes mesmo que possa emitir o som de qualquer palavra. O que somos, o que pensamos e o que fazemos dizem algo sobre nós. Se eu sou uma pessoa negativa e pessimista, mesmo que sorria, isso irá transparecer no meu sorriso falso, amarelo ou pouco convincente.

Se você quer ter uma boa tribo, tem que ser o que almeja ser em primeiro lugar. Se você não está satisfeito com algumas características suas, trabalhe esses traços antes de tudo. Gente boa atrai gente

CAPÍTULO 4

boa. Pessoas qualificadas se sentem bem perto de outras pessoas qualificadas. Não se trata de preconceito.

Desde que o mundo é mundo, as pessoas se conectam por afinidades. Você não pode querer andar com gente em forma e que malha o dia inteiro, se você passa o dia no sofá comendo batatas fritas. Você pode passar o dia no sofá degustando sua comida favorita, se quiser, mas dificilmente conseguirá manter pessoas com uma *vibe* contrária ao seu lado. Percebe?

Antes de pensar em quem quero ter ao meu lado, trabalhando comigo, me inspirando e me ajudando a crescer, eu devo definir quem eu quero ser, pois só consigo atrair para mim aquilo que ressoa comigo, a vibração e energia que se parecem com as minhas. Ou a relação não se sustenta.

Veja: quem gosta de música sertaneja geralmente anda com outras pessoas que gostam desse estilo de música. Isso vale para quem gosta de um tipo de dança, ou *hobbie*, um estudo, uma profissão e tanto mais.

Em meio à pandemia, eu comecei a gravar conteúdos nas redes sociais para ajudar empreendedores e sonhadores, consegui atrair uma tribo de milhões de pessoas, hoje você pode construir uma tribo gigantesca por meio da Internet. Tenho certeza de que você tem muito conteúdo e pode juntar sua tribo.

Atraímos pessoas parecidas com a gente. Vez ou outra, somos capazes de atrair alguém diferente, mas quem fica é quem ressoa com o que somos, fazemos e pensamos.

Quer uma tribo legal? Seja legal!

Quer uma tribo ética e leal? Seja ético e leal!

Trabalhe você, construa você. Sua tribo será uma consequência de quem você é.

E busque pessoas melhores do que você permanentemente, assim você trabalha na construção de si mesmo constantemente!

Cresce e ensina a crescer!

Atos de amor com a pessoa que está ao seu lado fazem toda diferença

Eu estou em casa, mexendo na geladeira:
– Estou com fome!
A Ju me faz uma oferta:
– Quer que eu faça alguma coisa para você, amor?
Eu me levanto para olhar para ela:
– Que horas são?
– Não sei, por quê?
– E se a gente jantar?
– Tá bom.
– Vou te ajudar e depois chamar as meninas e o Seu Zé.
Ela ri:
– Vamos de macarrão com almôndegas.
– Eu faço a salada!
Enquanto cozinhamos, conversamos e analisamos tudo o que passamos durante a pandemia:
– Eu achei que a gente não ia sair dessa tão cedo, Bruno.
Solto o ar com força:
– Eu também!
– Sério? Você nunca demonstrou isso.
Coloco as mãos na cintura e olho firme para ela:
– O que a gente pensa, Ju, acontece!
– Pensamento positivo?
Assinto:
– Você percebe a força que isso tem, Ju?
– É... eu vejo isso em você.
Abraço a Ju, enquanto ela está mexendo o molho do macarrão:
– Obrigado por me apoiar tanto.
"Eu devia dar um presente para ela, mas tem que ser muito especial."
Volto fazer a salada e fico pensativo.
Solto sem querer:

CAPÍTULO 4

– Mas o que poderia ser?
– Poderia ser o que, Bruno?
– O presente.
"Ai, caral..."
– Que presente?
"Pensa rápido, Bruno!"
– Do próximo Dia da Princesa.
– Ah...
"Ufa, escapei!"

É importante comemorar as pequenas e as grandes conquistas

Estamos todos na mesa do jantar.

Seu Zé finalmente se sente em casa.

"Ele se sente útil! Como todo ser humano precisa se sentir, para ser feliz."

– Eu quero propor um brinde.

Eles pegam seus copos e já posicionam no ar, inclusive minhas meninas princesas, mais lindas do mundo.

Eu continuo:

– Eu quero agradecer a Deus por tudo o que ele nos proporcionou, mesmo quando tanta gente está adoecendo e passando necessidades com a pandemia.

Seu Zé abaixa o olhar um momento.

Não vou deixá-lo esmorecer.

Continuo:

– Quero agradecer ao nosso amigo querido, o doido do Seu Zé, que veio morar aqui com a gente e trazer ainda mais alegria para esta casa.

As meninas se manifestam:

– Êêêêê...

Ele sorri.

A Ju me interrompe:

— Eu agradeço ao meu marido, que sempre encontra formas de resolver todos os nossos problemas e faz isso com alegria.

Fico com lágrimas nos olhos. Ela continua:
— Amo você, Bruno.
As meninas gritam:
— Te amo, Babo!
— Amo você, Babo lindo!

E brindamos nossas taças rindo e falando, todos ao mesmo tempo.

"Obrigado, meu Deus! Obrigado!"

Exercício

1 – Você consegue definir quem é você na terceira pessoa? Tem consciência de como é visto pelas pessoas ao seu redor? Se pudesse definir quem você é hoje, que características daria a si mesmo?

Você é:
Introvertido ou extrovertido?
Sociável ou antissocial?
Sério ou mais divertido?
Confiante ou inseguro?
Inteligente ou ignorante?
Escreva a seguir pelo menos 20 características sobre você:

_____
_____
_____
_____
_____
_____
_____

CAPÍTULO 4

2 – Que características são importantes para a área em que atua ou deseja atuar? Por exemplo: autoconfiança, boa comunicação, segurança, introversão, seriedade, simpatia etc.
_____
_____
_____
_____
_____
_____

3 – Que características você precisa adquirir ou melhorar em si mesmo para progredir nos seus sonhos?
_____
_____
_____
_____
_____
_____

4 – Agora que definiu quem você é e o que pode melhorar, como imagina as características da sua tribo?
_____
_____
_____
_____
_____
_____

SAINDO DO ZERO

5 – Escreva o nome de pelo menos 5 pessoas que são inspiradoras para você e suas características que mais lhe chamam a atenção. Reflita se já tem essas características e como pode desenvolvê-las ainda mais em você.

_____
_____
_____
_____
_____
_____

6 – De que maneira você pode se aproximar dessas pessoas, tendo um pouquinho delas na sua tribo, mesmo que de forma virtual ou como parceiras de negócios?

_____
_____
_____
_____
_____
_____

Avalie suas respostas e considere as possibilidades de trabalhar em você o que precisa para se aproximar da tribo dos seus sonhos!
Acredite, você pode ser quem você quiser ser!

5 HEADLINE

"O QUE TODAS AS PESSOAS DE SUCESSO TÊM EM COMUM? ELAS NÃO SÃO INFLUENCIADAS, ELAS INFLUENCIAM."

EDU RAMPON MEIRELES

CAPÍTULO 5

HEADLINE

O que significa *headline*?
Headlines são palavras assertivas que você deve usar para chamar a atenção da sua tribo num determinado conteúdo, como um áudio, texto ou vídeo.

Você já reparou que alguns vídeos aparentemente simples ou até curtos demais viralizam em questão de segundos? Ou como algumas notícias supostamente desnecessárias se tornam lidas em pouquíssimo tempo? Até mesmo um produto que não é essencial pode ser consumido acima do esperado, quando alguém escolhe o perfeito *headline* para promover esse item. Por que e como isso acontece?

Estamos vivendo um momento do planeta em que nunca houve tanto excesso de informação e disponibilidade de se informar como agora. A quantidade de informações é tamanha que temos de checar a veracidade daquilo que chega até nós. Além disso, temos acesso a conteúdo de todo o planeta, sobre qualquer assunto.

Ao mesmo tempo, em que esse fenômeno de globalização e tecnológico acontece, as pessoas estão lendo cada vez menos. Pelo fato de receberem um número muito alto de informações pelas redes sociais, Internet e aplicativos de comunicação, o ser humano está selecionando um conteúdo bem menor e mais rápido para focar sua atenção, por isso o *headline* é essencial para você ser visto.

Imagine que uma pessoa da sua tribo está com o celular na mão, num breve momento de lazer, descendo a barra de rolagem do *Facebook* ou do *Instagram*. Qual a chance de ela abrir um conteúdo de notícia e ler seu conteúdo completamente? A imagem e o *headline* associados à sua notícia têm que ser muito interessantes. Ao abrir a notícia, ela tem que estar bem escrita, não muito longa e, de preferência, com imagens.

O objetivo de uma *headline* é atrair as pessoas e seus cliques em maior número possível, uma vez que os negócios giram em torno da Internet. Quantidade virou qualidade em vários aspectos, e esse é um deles.

Você precisa chamar a atenção da sua tribo, dentre uma enxurrada de informações e conteúdos gratuitos que todos têm a partir de um toque da ponta dos dedos. Por isso, você tem que pensar bem nos *headlines* que irá utilizar!

Apesar de parecer clichê e pouco criativo, copiar quem está dando certo é um ótimo caminho. Artimanha utilizada por artistas e marqueteiros desde sempre, pois eles ditam a tendência a partir do que faz sucesso, é como se fosse um termômetro do que a maioria quer consumir. Então siga esse caminho sem culpa ou remorso!

Claro, se você tiver alta capacidade criativa e coragem, crie novos rumos, mas sempre leve em consideração o que já existe e o que está funcionando com alto nível de retorno.

Ative os gatilhos mentais que sabemos que funcionam, como: escassez, urgência, prova social, autoridade, razão e antecipação.

O que isso significa? Veja um exemplo: ninguém quer estar na energia da escassez, quando, na verdade, muitos já estão, por isso existe o medo daquilo que falta. Quem tem esse conhecimento o utiliza a seu favor. Pense na seguinte chamada:

"Você está cansado de ficar sem dinheiro no fim de todo mês? Saiba como mudar isso imediatamente!"

Na frase anterior, dois gatilhos estão sendo utilizados ao mesmo tempo: o da escassez e o da urgência em resolver essa questão. A maioria

CAPÍTULO 5

de nós tem pavor de ficar sem dinheiro. Assim como a maior parte quer resolver seus problemas o mais rapidamente possível, à medida da impaciência, ansiedade e sentido de urgência a que somos submetidos na nossa sociedade.

Não se trata de ser cruel ou oportunista, uma vez que eu mesmo trabalho com a verdade, me utilizando de exemplos que vivenciei e realmente me ajudaram a subir de nível. Portanto, ainda que eu utilize de gatilhos para chamar a atenção da minha tribo, eu ofereço a ela soluções que partem da minha experiência de vida e que funcionaram para mim.

Eu acredito que pode funcionar para outras pessoas, especialmente para a minha tribo, por isso, me sinto confortável em me utilizar de gatilhos mentais.

É claro que na Internet estamos à mercê de vários tipos de pessoas e por vezes veremos gatilhos sendo utilizados para falsas promessas, mas aí depende de nós mesmos o filtro e o crivo: o que é bom para mim? Em último caso, pesquise sobre o produto e a pessoa por trás daquele conteúdo. Nem tudo são flores.

Lembre-se: para você vender qualquer coisa na Internet ou mesmo fora dela, seu produto precisa chamar atenção. Todos os seus vídeos e conteúdos precisam de chamada poderosa. Os gatilhos fazem toda a diferença, quando as pessoas vão buscar algo que falem com elas.

Tem que falar o que o povo quer! Os outros não estão interessados no que você gosta ou precisa, mas no que gostam e precisam!

Você conquista primeiro os seus, depois tudo fica mais fácil

É de manhã e o mundo está finalmente voltando à normalidade.

"Graças a Deus, a pandemia está passando!"

Eu estou no quarto, cochichando com o Seu Zé:

– Não esquece, Seu Zé! O senhor cuida da casa e nenhum pio sobre a surpresa.

Ele balança a cabeça:
— Já entendi, eu não vou dar bola fora!
Faço sinal de zíper na boca olhando sério para ele.
O doido repete o meu gesto e eu fico mais sossegado.
Saio do quarto e sigo para acordar a Ju.

Surpreenda quem está na sua rede de contato

Eu me aproximo da cama e falo cantarolando, carregando uma bandeja de café da manhã:
— Bom dia, meu amor!
Ela responde ainda sonolenta:
— Bom dia, amor!
Ela mal se move.
— Acorda, Ju!
Ela fala algo que não entendo, mas finalmente vira na minha direção e se senta, abrindo os olhos:
— Olha, tem um *muffin* de aniversário?
— Não vai fazer pouco caso do *muffin*, foram as meninas que fizeram.
Ela olha na direção da porta:
— E cadê elas?
— Estão dormindo ainda. Elas fizeram de madrugada, enquanto você dormia.
— Sério? Que amor...
Coloco a bandeja na cama, sobre o colo da aniversariante, e dou um beijo em sua testa:
— Feliz aniversário, Ju!
— Te amo!
Eu me sento na beira da cama e fico olhando para ela, todo ansioso.
Ela me conhece e percebe que tem alguma coisa:
— O que foi, Bruno? O que você está aprontando?

CAPÍTULO 5

Não consigo segurar o riso:
— Amor, é o seguinte...
— Hum — ela fala mastigando e olhando para mim.
Eu continuo:
— Faz as malas, sua e das meninas, nós vamos viajar.
Ela para de comer, com um pedaço do *muffin* no ar:
— Agora? Para onde?
Balanço a cabeça, todo sorridente:
— É, agora! Pega roupas de banho!
— Roupas de banho? Tá, mas para onde a gente vai?
Eu me levanto, fico com as mãos na cintura e pergunto sério para ela:
— Confia em mim?
Ela ri:
— Confio!
— Então faz as malas. Nós vamos comemorar o seu aniversário em grande estilo!
"Caraca, isso vai ser demais!"
Eu me viro na direção do guarda-roupa e faço uma mala para mim, com poucas roupas de calor, chinelo e poucos pertences.
A Ju fica olhando.
Eu não resisto:
— Não adianta tentar adivinhar para onde a gente vai. É surpresa.
Ela ri, se engasgando com o *muffin* e fazendo sujeira na cama.
— Ju!!! Não é porque você é aniversariante que é para fazer sujeira na cama, vai?!

Equilíbrio emocional e afetivo

Você sabe reconhecer quem está ao seu lado?
É importante que você perceba o valor de quem está junto com você em todos os momentos e a influência que isso exerce na sua vida como um todo.

Muitos homens bem-sucedidos têm junto a eles um casamento que deu certo. Com isso, eles não perdem energia buscando relacionamentos e nem se perdem em questões de luxúria e excessos.

Por outro lado, sabemos de muitos indivíduos que à medida que vão alcançando o sucesso, também vão trocando de parceiras, às vezes mais novas e/ou supostamente mais bonitas.

Se você quer ser bem-sucedido ou bem-sucedida, precisa aprender a controlar seu lado emocional, resolver suas questões afetivas com uma única pessoa, para que sua energia não se perca.

Tem gente que tem um buraco tão grande dentro do peito, que deixa tudo de lado em questão de segundos por uma briga ou desentendimento com um(uma) parceiro(a). A vida afetiva pode e deve ser vivida, mas com qualidade e equilíbrio, para que nenhum desequilíbrio ou rompimento afetivo se sobressaia à sua vida profissional e financeira.

Preste atenção nas pessoas que você conhece, famosas ou mesmo ao seu redor, você vai perceber que as pessoas mais estáveis também possuem essa estabilidade na vida: a do coração!

Amar, ser amado e manter um relacionamento saudável não é apenas uma questão de sorte, mas de escolha, maturidade e reconhecimento.

A Ju esteve ao meu lado em todos os momentos da minha vida, desde que nos conhecemos, nos altos e baixos, e, por isso mesmo, ela merece ser reconhecida e tratada como a Rainha que é!

Amor maduro e amor saudável combinam com sucesso!

Pense nisso!

Cultive seus parceiros

Depois de uma viagem tranquila até Ubatuba, eu, a Ju e as meninas estamos entrando num barco.

– Onde a gente está indo, Bruno?

Sorrio:

– Calma, Ju, você já vai ver!

CAPÍTULO 5

Olho o azul do mar e respiro fundo, sentindo a brisa fresca.

"Ela vai amar a surpresa!"

Ajeito as meninas no barco e seguimos viagem.

Eu sei que estou sorrindo e aproveitando o momento, porque é tudo tão lindo, mas sinto o estômago revirando, na ansiedade de ver a reação da Ju.

Percebo um cutucão na minha perna:

– Babo, Babo, olha, acho que tem um golfinho ali.

– Onde, filha?

A Emily aponta para algo na água, mas não consigo ver.

– Acho que ele se escondeu de você – rio. – Procura ele!

Faço cócegas nas meninas, para descontrair a viagem e aproveitar ao máximo esse momento único em família.

Olho para a Juliana e minha filhas e suspiro.

Ergo o rosto para o alto, na direção do sol.

"Obrigado, meu Deus! Por minha família e por tanto que o Senhor fez por nós!"

Passamos por uma onda bem grande e sentimos o barco dar um pulo.

Gritamos todos juntos:

– Êêêê...

A Manu solta:

– Nossa, Babo, eu achei que a gente ia cair do barco.

– Ninguém vai cair, ninguém vai cair!

Gargalhadas.

Alguns minutos se passam e eu já avisto a ilha.

"Estamos chegando!"

Fico mais nervoso, mas não é medo, é uma alegria de estar aqui.

O barco vai se aproximando da ilha.

– Aqui que a gente vai ficar, Bruno? – a Ju me pergunta.

Eu não respondo, apenas sorrio.

O piloto que gentilmente nos trouxe ancora e depois nos ajuda a descer.

— Eu não acredito, Bruno!

Eu continuo sem responder e dou a mão para ela, assim que ela desce no píer.

— Feliz aniversário, Ju!

A gente se beija e as meninas ficam comemorando:

— Êêêê, feliz aniversário, mamãe!

— Vocês sabiam? — ela pergunta para as meninas.

— Não, amor, só eu sabia.

Ela olha em volta, ainda atônita.

— Mas aqui é uma ilha. Não tem ninguém?

— Aluguei a ilha de aniversário para você!

— O quê? Você alugou a ilha?

Ela fica boquiaberta, me encarando.

— Ju, você tem me acompanhado a vida inteira, desde que eu ainda tinha o sorriso feio e só uma calça para vestir.

Ela fica com lágrimas nos olhos.

Eu continuo:

— Você acreditou em mim, mesmo quando ninguém mais acreditava, viajou comigo mundo afora, sempre me apoiou nas minhas loucuras. Alugar uma ilha para você é pouco, perto de tudo que eu gostaria de fazer.

Ela me abraça:

— Obrigada, Bruno! Eu amo você!

Eu seguro o choro e convido:

— Vamos conhecer a ilha?

As meninas estão correndo e pulando a nossa volta, esperando a deixa justamente para explorar o lugar.

— Vamos, tem uma mansão só para a gente, com piscina e pessoas que vão cozinhar para a gente.

A Ju balança o pescoço, ainda de boca aberta e toda sorridente:

— Eu não acredito. Isso aqui é inacreditável!

CAPÍTULO 5

Falando sobre mérito!

Você reconhece seus méritos?

Sabe da importância de se presentear quando alcança um de seus objetivos?

Isso se trata, em primeiro lugar, de amor-próprio, autorrespeito.

Se você não reconhecer seus esforços e metas alcançadas, quem fará isso por você?

Em segundo lugar, o reconhecimento daquilo que você faz é incentivo para a próxima realização.

Não importa o tamanho dos seus objetivos, você deve reconhecer seu mérito, a cada vez que conquista alguma coisa.

Veja, se você está de dieta e faz exercícios todos os dias, quando percebe que perdeu peso em gordura e ganhou massa muscular, por que não se presentear com uma roupa nova ou até mesmo um jantar num restaurante mais caro, que você tanto gosta?

Se você queria atingir uma meta na sua empresa e conseguiu, por que não se presentear com um valor extra do próprio salário ou presentear seus colaboradores com um jantar ou uma festa com todos os envolvidos?

Quanto mais você reconhece seus esforços, mais você se valoriza, não fica dependendo de tapinhas nas costas, nem de estranhos para alimentar seu ego. Seja você mesmo o seu maior motivador: se motive, se agradeça, se reconheça e se permita seus méritos.

Não sinta nenhuma vergonha em se olhar no espelho e dizer:

"Parabéns, você conseguiu, você fez por merecer! Como você quer comemorar sua vitória? Quer um presente?"

Não estou falando aqui simplesmente de coisas materiais, porque o que mais importa é o que você faz para se sentir honrado em relação ao que concluiu. É o valor que você dá a si.

Eu aprendi a me presentear a cada vez que completo um desafio ou uma meta que atingi, um plano que desenvolvi e deu certo.

E faço o mesmo para as pessoas que colaboram com isso, começando pela minha família!

E depois pelos meus colaboradores.
Todos são importantes, mas começa em você!

Desfrute de cada momento de sua vida como fosse único e não deixe nada atrapalhar sua paz

Eu e a Ju estamos tomando um *drink* em pé, encostados na beira da piscina, enquanto as meninas pulam e brincam sem parar.
– Babo, Babo, olha!
– Que linda, filha!
– Eu vou pular de novo!
Eu rio vendo a alegria das minhas princesas.
Ouço meu celular tocando e vejo o nome do doido na tela.
Olho para a Ju:
– O Seu Zé!
– Não me diga que até ele sabia?
Assinto e atendo o celular:
– Fala, Jaspion!
Ouço do outro lado da linha:
– Bruno, eu acho que tem algum problema na sua casa, nenhuma luz acende, os aparelhos estão desligados, eu não sei o que fazer.
– Vai tomar banho gelado, Seu Zé! Não acredito que o senhor me ligou por causa disso.
– Mas vai estragar o que está na geladeira.
Eu balanço a cabeça:
– Seu Zé! Come tudo! Não deixa estragar nada! – eu rio.
– Mas Bruno...
– Vou desligar, cuida de tudo aí!
– Mas, mas...
Eu desligo.
Tomo mais um gole de uma das melhores caipirinhas que tomei na vida.
"Como é bom estar aqui, meu Deus!"
Olho para a aniversariante:

CAPÍTULO 5

– Ju, você lembra do nosso acidente de carro?

Ela fecha um pouco o semblante:

– Como eu ia esquecer, Bruno?

Por algum motivo, essa memória vem forte em minha mente agora.

"Por que será?"

Eu me permito reviver o momento, apesar de ter sido tão assustador.

Foi há alguns anos.

Deus nunca abandona aqueles que têm fé, e Ele nos mostra isso com seus livramentos

Nós moramos em Santa Helena, Goiás, onde a Emily nasceu. Ela acaba de completar três meses de vida e a Manu está com três aninhos.

Eu, a Ju, as meninas e minha cunhada estamos voltando de viagem, alegres, pela viagem longa e distante que acabamos de fazer:

– Essa viagem foi a mais distante que a gente já fez de carro, Bruno.

– Não foi, amor? Três mil quilômetros. Foi demais!

– Seis mil. Ida e volta!

– Verdade!

Ela suspira e confessa:

– É, eu estava preocupada com a bebê, mas foi tudo tão perfeito.

Minha cunhada comenta:

– Eu nunca imaginei sair de Goiás, de carro e ir até Santa Catarina.

Eu brinco:

– Mas gostou, né? Porque não foi você que foi dirigindo.

– É, e foi bem gostoso também, porque a gente foi parando, não foi cansativo.

Respiro fundo, satisfeito.

"Dois dias de viagem, tanto na ida quanto na volta."

A Ju fala outra vez, eu olho pelo retrovisor, já que todas estão no banco de trás:

— Três semanas de férias, praia, foi perfeito. Não podia ser melhor!

Toco a parte de baixo do banco, para agradecer a Deus.

Antes de sair de viagem, pela primeira vez na vida, senti vontade de trazer a Bíblia no carro.

Por algum motivo, que não sei explicar, deixei a Bíblia debaixo do banco.

"Obrigado, Senhor!"

Minha cunhada pergunta:

— Quantos quilômetros faltam para a gente chegar?

Respondo tranquilamente:

— Tem uns quatrocentos quilômetros ainda. Você quer parar para ir ao banheiro? Comer?

— Não, está tudo bem, só queria saber.

— Estamos quase chegando...

Volto minha atenção à estrada para ultrapassar um caminhão. Acompanho o velocímetro e vejo que chego a cento e vinte quilômetros por hora.

A frente da estrada tem uma ponte e um rio, que posso ver nitidamente deste ponto.

O caminhão começa a vir na minha pista, me jogando para o canteiro central.

Dou um grito:

— Ei!

— Cuidado, Bruno! — a Juliana grita.

Eu caio no canteiro central, sem chance de voltar para a pista.

O carro começa a trepidar na grama e eu tento controlar o carro o máximo que posso.

"Socorro, meu Deus!"

Vejo o caminhão indo embora como se não tivesse feito nada, é tudo muito rápido.

CAPÍTULO 5

O carro chega na altura da ponte e começa a capotar, descendo na direção do rio.
A gente gira inúmeras vezes, as crianças gritam e choram:
– Babo! Babo!
– Aiiiii!
"Meu Deus do céu! Todo mundo vai morrer! Socorro, meu Deus!"
É assustador o barulho e a rapidez com que o acidente se passa.
"O que eu faço? Minha família vai morrer! Eu vou morrer!"
Ouço os gritos e choros na parte de trás do carro:
– Babo, socorro. Babo!
– Bruno!
– Aiiiiii.
Choro da bebezinha.
Estou em pânico.
Sem perder a consciência, percebo que vamos cair no rio.
– Meu Deus do céu! Misericórdia!
O carro cai dentro do rio de ponta cabeça e começa a afundar com o teto no chão.
"Socorro, meu Deus, socorro. Salva minha família, me leva, mas salva as meninas e a Ju, por favor!"
Gritos de pavor. O ar me falta.
Começa a entrar água dentro do carro.
É desesperador.
Meu coração parece que vai sair pela boca, minha respiração está muito rápida. Olho pelo retrovisor e vejo o medo na cara da Juliana com a Emily no colo, minha cunhada, e minha filha mais velha.
"Jesus, me guie!"
Tento abrir o cinto, mas não consigo.
Faço muita força e consigo me soltar.
– Vem, Ju, sai do carro.
– Eu estou presa, Bruno!
– Faz força, Ju! Você vai conseguir.

Consigo sair pela janela, desesperado.

Observo o carro afundando e fico olhando:

– Meu Deus do céu! Vai morrer todo mundo lá dentro!

Não me dou nem tempo de pensar. Mergulho de novo e entro pela janela que tinha saído.

Vejo a cadeirinha da minha filha flutuando na parte de trás do carro, onde elas estão, e ainda conseguem respirar.

Eu consigo soltar a Ju e dou a ordem:

– Vem, Ju! Traz a Manu, eu pego a Emily!

Ela obedece e a gente sai.

Minha cunhada consegue se soltar e sai também.

É uma correria, segundos cruciais de sobrevivência.

Eu tapo o nariz da bebê e vejo a Ju fazer o mesmo na Manu.

– Vamos, vamos, mergulha, Ju, vai, força!

É tudo muito rápido.

"Me ajuda, meu Deus! Me ajuda a salvá-las!"

– Ai, ai, ai.

Eu saio da água quase sem ar, cansado, e ajudo a Ju e a minha cunhada a saírem também.

– Vocês conseguiram, vocês conseguiram.

A Ju me abraça com a Manu no colo, chorando:

– Você conseguiu, Bruno!

"Deus do Céu, obrigado!"

Minha cunhada olha para mim, chorando:

– O que foi tudo isso?

– Gente, aquele caminhão me tirou da pista e seguiu viagem como se nada tivesse acontecido. Olha o que o cara fez?

Eu me sinto indignado, mas decido não pensar nisso.

Olho para o céu e apenas agradeço em voz alta, gritando:

– Obrigado, Senhor! Obrigado!

Caio de joelhos no chão e choro.

A Ju me abraça junto com a Manu.

CAPÍTULO 5

Olho para ela e checo seu corpo inteiro, assim como o da Manu:
– Você está bem, Ju? Se machucou? Você está bem, filha?
Ela me abraça, ainda chorando:
– Babo...
– Vem cá, filha.
Eu soluço e a carrego em meus braços.
Fico de pé e encaro a Ju e sua irmã:
– Vamos!
Estamos todos molhados, mas sem nenhum arranhão.
Andamos até a pista e começamos a pedir ajuda para os carros que passam.
Eu grito:
– Socorro!
É uma sensação horrível, porque o celular ficou no carro, tudo.
Alguns carros desaceleram e ficam nos olhando, sujos e molhados, mas não param para ajudar.
Olho para trás.
"Eles não estão vendo o carro que acabou de afundar no rio. O que será que eles pensam?"
A Juliana chora junto com a Emily, que deve estar sentindo frio, como um bebê de três meses que é.
De repente, alguns carros começam a parar:
– O que aconteceu?
Eu grito:
– Nosso carro caiu no rio.
– Deus do Céu!
O motorista desce e se aproxima:
– Vem, eu vou chamar os bombeiros.
– Graças a Deus, obrigado, cara!
Ele toca meu ombro e depois se direciona para as mulheres.
– Venha, venham!
Ele abre a porta do carro, para elas entrarem e se sentarem com mais segurança.

Ele me olha:
– Cara, como isso foi acontecer?

Começo a repetir o turbilhão de coisas que acabaram de acontecer, tentando eu mesmo compreender, o que foi tão rápido e assustador.

Nós recebemos água e toalhas. Em pouco tempo chegam os bombeiros, a polícia e o guincho para tirar o carro do rio.

Agradeço às pessoas que pararam para ajudar e em pouco tempo estamos sendo levados ao hospital.

Olho para a Ju, dentro da ambulância, e para minhas filhas, minha cunhada:

– Ninguém se machucou. Como pode?
– Graças a Deus, Bruno!

Assinto, mas continuo boquiaberto.

Gratidão é um sentimento presente no dia a dia dos sábios

Já devidamente calmos e restabelecidos pelo atendimento no hospital, eu decidi voltar ao local do acidente.

– Obrigado, Senhor, obrigado. O Senhor preservou a minha vida e da minha família!

Vejo os bombeiros retirando o carro do rio e me aproximo.

– Será que encontro algum pertence?

Vejo a Bíblia boiando dentro do carro e desisto de pegar qualquer coisa.

– Destruiu tudo, não tem como.

Fico atônito, vendo a perda total do carro, todo amassado, e me pego olhando para os meus braços, mãos, pernas e pés.

– Não aconteceu nada. Nada!

"Obrigado, meu Deus!"

Seguimos a viagem de volta de táxi, que o seguro nos concedeu.
Não há palavras para descrever todas as sensações desse dia.

CAPÍTULO 5

Atenção aos sinais da VIDA

Uma semana depois, eu recebi o carro de volta, em Santa Helena (GO).

Abro as portas para ver se sobrou alguma coisa e vejo apenas a Bíblia intacta, sobre o banco de trás.

Pego a Bíblia em minhas mãos e fico absorto:

– Mas como pode? Está intacta!

Começo a folhear algumas páginas e não consigo acreditar.

"Mas eu a vi boiando dentro do carro. Não é possível!"

Viro página após página e não me conformo com a perfeição que ela se encontra.

Falo sozinho:

– Olha aqui, as anotações que eu fiz à caneta. Nem isso saiu.

Ainda com a Bíblia aberta em minhas mãos, balanço a cabeça, desacreditado ainda.

– Como pode, meu Deus? A Bíblia salvou a gente?

"É isso! É um sinal. Foi Deus que nos salvou."

Eu fecho a Bíblia e pressiono o livro contra meu peito.

Fecho os olhos e choro copiosamente.

– Obrigado, meu Deus. Foi um milagre, eu sei! Obrigado!

Milagres

Eu acho que nunca senti a morte tão de perto como nesse dia, porque foi ainda pior do que quando passei pelo infarto.

Ainda confesso que pior do que encarar a possibilidade da minha morte foi ficar cara a cara com a possível morte da minha esposa, das minhas filhas e da minha cunhada.

Eu ainda não sou capaz de compreender tudo o que se passou e seus porquês. Eu sei que parece cena de filme, mas foi pior, porque realmente aconteceu.

Em questão de segundos, nós quase perdemos nossas vidas, pela imprudência de alguém que seguiu em frente, sem olhar para trás.

Até hoje me questiono sobre como aquele motorista fez o que fez e seguiu viagem, sem qualquer remorso.

E se ele tivesse tirado nossas vidas? Nós éramos cinco pessoas no carro, que ele tirou da pista e nos fez capotar várias vezes até cair no rio de ponta-cabeça e afundar.

É difícil entender os desígnios da vida, mas nunca vou me esquecer que, antes de sair de viagem, pela única vez na vida, eu quis levar a Bíblia comigo.

Tudo que sei é que a vi boiando dentro do carro, quando o guincho estava tirando o veículo do rio. E quando eu a peguei de volta, já na minha cidade, o carro estava totalmente destruído, mas a Bíblia estava intacta, inclusive com as anotações feitas à caneta por mim.

Foi Deus, eu sei que foi!

Um milagre!

E Ele queria me mostrar mais uma vez o valor das pessoas que tenho ao meu lado.

Eu podia ter morrido naquele dia, mas minha esposa e minhas filhas não.

Eu teria dado a minha vida por elas, se fosse preciso.

Esse episódio me fez reforçar a minha espiritualidade e conexão com Deus!

Ninguém cresce por acaso e tem uma proteção dessa do nada.

Acredite na sua intuição, assim como eu carreguei a Bíblia comigo naquele dia.

Pequenos sopros em nossos ouvidos podem ser a voz de Deus nos dando seus melhores conselhos!

Existem momentos que duram segundos e que deixam marcas eternas em nossas memórias

A Ju me faz voltar ao tempo presente:

– Bruno! Bruno!

Chacoalho a cabeça e limpo algumas lágrimas que caem dos meus olhos.

CAPÍTULO 5

Ela insiste:
— Por que você está pensando no dia do acidente?
Eu balbucio:
— Eu não sei, Ju.
Olho ao nosso redor.
Estou muito emocionado:
— Acho que pelo fato de a gente estar aqui, numa ilha particular, quando tudo podia ter acabado lá atrás, naquele dia.
— Eu sei, amor, mas está tudo bem. Nós estamos aqui, vivos! Faz tanto tempo.
Respiro fundo e a abraço:
— É a gratidão de estar vivo, de saber por tanta coisa que a gente já viveu e estar aqui agora.
Ela me olha nos olhos:
— Vamos curtir, Bruno!
Assinto e suspiro:
— Vamos!
A Manu pula perto da gente, espirrando água nos nossos rostos:
— Babo, Babo, olha!
A gente cai na risada.
Olho discretamente para o céu e agradeço mais uma vez pelo milagre daquele dia!
Penso no fato de ter a Bíblia até hoje, perfeita, com as anotações.
"Ela foi a prova de que Deus estava com a gente."

O sucesso nada mais é que a persistência até o caminho da vitória

Depois da grande surpresa do aniversário da Ju, estamos de volta em casa, junto com o doido.
— Seu Zé, esse vídeo tem que ficar muito ƒ#$@! O senhor está entendendo?
— Estou tentando, mas você não para de falar.

"Não acredito!"
– Eu não falo muito, Seu Zé! Só o suficiente.
– Imagine se falasse – ele ri.
Ele ajeita uma cadeira para trás:
– Seu Zé! O senhor vai me ajudar ou vai me desmotivar?
Ele vira de frente para mim, atento:
– Fala, vai, o que você quer que eu faça?
– Olha, hoje o senhor vai me filmar.
Mostro o celular para ele e faço o caminho que ele tem que percorrer para a sequência do meu vídeo.
– O senhor vai começar por aqui e lentamente segue até este ponto, se aproximando do meu rosto. Entendeu?
– Entendi!
– Então vamos lá!
Eu me ajeito todo e começo, enquanto o doido me filma:
– Você quer deixar de ser pobre?
Faço sinal para o Seu Zé se aproximar de mim. E continuo:
– Pois hoje eu vou ensinar você a deixar de ser pobre de uma vez por todas!
E prossigo:
– Você quer ser milionário? Eu te ensino também!
Seguimos filmando algumas vezes, vendo e revendo, até chegar ao ponto que eu quero.
– Pronto, Seu Zé! Agora, sim!
– Graças a Deus, como você fala.
Nem respondo à provocação.
– Vou postar!
Seu Zé se senta como se estivesse cansado.
Eu estou muito animado com meu vídeo.
"Vai dar certo!"

CAPÍTULO 5

Ficar feliz acertando uma cesta no primeiro arremesso é fácil, agora ficar feliz errando mil vezes e continuar tentando até acertar é tarefa para poucos

Passado poucos dias, eu checo na Internet o sucesso do vídeo. Grito:
– Um milhão! Um milhão!
Fico em pé na frente do computador, bato palmas e comemoro:
– Um milhão de visualizações!
"Não acredito! Eu consegui!"
O doido chega:
– O que foi, Bruno?
Abraço Seu Zé e danço com ele, rodopiando no escritório:
– Um milhão, Seu Zé!
– Um milhão o quê?
– De visualizações, cara!
Ele fica boquiaberto:
– Um milhão de pessoas viram você falando daquele jeito naquele vídeo?
Assinto:
– Caraca, o povo gosta de ouvir você.
– Não é?
Volto a me sentar e o Seu Zé se senta também.
– Seu Zé!
Ele me olha, ainda de boca aberta:
– Oi?
– Nós vamos fazer mais!
– Tá bom, mas o que você ganha com isso?
– Visibilidade, Seu Zé, autoridade, seguidores, minha tribo está crescendo.
– Hum.
"Será que ele entende a dimensão de tudo isso?"
Tento explicar:

— Seu Zé, quanto mais somos vistos na Internet, mais conhecidos ficamos, mais a gente vende, entende?
— Tá.
Respiro fundo.
"Preciso pensar nos próximos vídeos!"
— As *headlines*! Mais *headlines*, é isso!
— Quê?
— Nada não, Seu Zé! Se prepara, porque o senhor é o meu *cameraman*.
— Eu sou o quê?
— O Jaspion, Seu Zé! O senhor é o Jaspion!
Saio da sala, para procurar a Ju!
Grito:
— Juuuuu, um milhão, Ju! Um milhão! Finalmente, quantos vídeos já postados...

Ativando os gatilhos mentais

Foi nesse dia que eu percebi, na prática, o resultado dos gatilhos mentais e as famosas *headlines*.
— Deu certo! Funcionou: 1 milhão!
É claro que aquilo foi apenas o início de uma jornada que ainda não terminou.
A cada dia que passa, tenho que ser mais criativo para alcançar mais e mais pessoas por meio dos meus vídeos e conteúdo.
E como você pode e deve fazer o mesmo?
Ative os gatilhos mentais, que sabemos que funcionam, como: escassez, urgência, prova social, autoridade, razão e antecipação.
Toda vez que você falar de escassez, que é a falta de dinheiro ou ausência de algo importante para um indivíduo, você vai estar falando com uma grande maioria da sociedade.
Lembre-se de que até mesmo quem muito tem pode sofrer da energia da escassez.

CAPÍTULO 5

Sim! Isso acontece, porque quase todo mundo tem medo de ficar sem dinheiro ou sem aquilo que considera mais importante. Usar desse artifício não é crueldade ou oportunismo, mas criar soluções para o medo que as pessoas carregam.

Tente sempre se beneficiar das *headlines* e gatilhos mentais, mas seja verdadeiro, crie soluções para a sua tribo, seja leal e bom para ela. Assim, sendo verdadeiro e com boas intenções, sempre vai dar certo.

Tudo que vai, volta! Colhemos o que plantamos. Por isso, tudo que você fizer bem-intencionado retornará como algo positivo para você em algum momento. Provavelmente: no trabalho que está fazendo!

Utilizar-se do gatilho da urgência convém a todas as pessoas, já que a maioria de nós vive com pressa, no ritmo da sociedade. Não há nada de errado nisso, mas em comum.

Sobre a prova social, tente mostrar que o seu conselho pode levar as pessoas a se tornarem mais vistas no meio delas, levando-as ao mesmo caminho que você: do sucesso, aceitação e reconhecimento.

Gatilho de autoridade tem a ver com o conhecimento que você detém daquilo que fala e oferece, mostre a sua tribo que você manja, é especialista, alcançou algo por meio da prática, e não da sorte.

Utilize a razão, traga sentido e não apenas *performance* para aquilo que está falando. Explique, de forma rápida, porém convincente, traga argumentos, estatísticas e comprovação sobre aquilo que diz.

Não esqueça da antecipação, fazer com que algo tenha mais rapidez do que a sua tribo espera, isso gera sensação de vantagem e de estar à frente na solução de problemas.

Você tem muito a trabalhar se quer ser visto, ainda que pareça cansativo e seja um trabalho de formiguinha.

Bombardear as redes sociais todo dia!

Comece por aí!

Exercício

1 – Você conhece bem a sua tribo, a ponto de saber os gatilhos mentais que irão funcionar com ela?

O que você vende? Do que você quer convencer as pessoas?

Lembre-se de ser verdadeiro e ofereça algo que funcionou de verdade para você!

Escreva exemplos de gatilhos mentais que você pode utilizar, considerando os que trouxe para você neste capítulo:

Escassez:
___
___
___
___

Urgência:
___
___
___
___

Prova social:
___
___
___
___

CAPÍTULO 5

Autoridade:
_____
_____
_____
_____

Razão:
_____
_____
_____
_____

Antecipação:
_____
_____
_____
_____

Avalie suas respostas e considere as possibilidades de criar mais *headlines* para a sua tribo!

6
TEMPO É ENERGIA

"AS PESSOAS COMUNS PENSAM APENAS COMO PASSAR O TEMPO. UMA PESSOA INTELIGENTE TENTA USAR O TEMPO."

ARTHUR SCHOPENHAUER

CAPÍTULO 6

TEMPO É ENERGIA

Você já parou para pensar no quanto o tempo pode ser bem ou mal utilizado? A produtividade de uma nação é algo muito importante para a riqueza de um país. Não à toa, algumas pessoas de determinadas nacionalidades valem mais do que outras na hora de uma contratação. Isso porque elas vêm de países onde o índice de produtividade é maior. Não se trata de opinião, mas de valores medidos ano a ano, para se saber quem produz mais.

Fatores como formação educacional, nível de conhecimento, estrutura da organização e disciplina fazem parte daquilo que influencia o nível de produtividade de um indivíduo. O brasileiro, infelizmente, não é considerado um povo muito produtivo. E se você já teve a oportunidade de trabalhar com um alemão, por exemplo, vai saber que essas pessoas mal param para ir ao banheiro ou tomar um cafezinho durante o expediente. Elas não param até que tenham cumprido o planejamento do dia, não perdem tempo com reuniões desnecessárias, vão direto ao ponto e não discutem quem causou o problema, mas focam na solução.

Debater o nível de produtividade de pessoas de diferentes nações pode ser um pouco cruel, pois não temos responsabilidade sobre onde nascemos, do nível de educação e da estrutura de cada um, pois são séculos de histórias e as diferenças são gritantes. Porém, podemos e devemos usar essas informações a nosso favor, especialmente se eu almejo criar a minha própria empresa e direcionar meus negócios com produtividade.

Veja, se você tem uma empresa, vai preferir contratar alguém que para vinte vezes ao dia para olhar as redes sociais, bate papo no corredor, toma café dez vezes, se atrasa com frequência e gera retrabalho devido à essa distração toda ou alguém que raramente olha no celular, leva sua própria garrafa de café e não conversa além do necessário? Imagino que se a empresa for sua, irá preferir a segunda opção. Não se trata de escolher um robô ou ser desumano, mas saber o que é ser produtivo e útil e que isso é o que irá levar alguém a crescer dentro e fora da empresa.

Uma pessoa altamente produtiva sempre acaba crescendo na vida, em qualquer lugar que vá, pois ela tem disciplina, foco, e irá colher as consequências dessas duas características únicas que a fazem acima da média.

Pessoas milionárias têm esse conhecimento e o usam muito bem, não apenas para manter o foco no trabalho, mas em tudo aquilo que consideram importante em suas vidas: elas se levantam cedo, fazem exercício físico para manter a saúde, tomam café da manhã com a família com atenção plena, e quando chegam ao trabalho, ainda é cedo, leem páginas de um livro e/ou de um jornal e só depois começam a trabalhar, mas com 100% de foco no planejamento que fizeram no dia anterior.

Lendo estes poucos parágrafos, você é capaz de afirmar-se como uma pessoa produtiva? Você tem foco e disciplina? Reflita seriamente sobre isso, pois essa forma de agir no dia a dia é o que define se você será bem-sucedido ou não, em todas as áreas, pois quem é produtivo também tem lazer e férias em sua agenda, mas como algo sagrado, e o que não existe de jeito nenhum é tempo perdido!

Como está o seu tempo hoje?

CAPÍTULO 6

Admire as pessoas próximas de você

Eu estou correndo numa rua, já perto de casa. Olho no relógio:
– 5h15.

"Ótimo, antes de voltar para casa, passo pela padaria e levo pão quentinho para as minhas meninas!"

Foco na minha respiração e batimento cardíaco.

Ouço alguém vindo atrás de mim, correndo também.

"Quem será? Não tem muita gente que corre neste horário."

Quase sempre eu estou sozinho.

O passo atrás de mim aperta.

"Quem é?"

Está bem perto agora. Já vou descobrir.

Antes que eu possa olhar para o lado e saciar a minha curiosidade, alguém bate a mão no meu ombro:

– Bom dia, Bruno! Bora apostar uma corrida?

Eu olho, assustado, e paro de correr:

– Kevin? O que você está fazendo aqui, cara?

Ele para e ri:

– Vim fazer uma visita!

Abraço meu irmão com satisfação.

– Como você me achou aqui? E neste horário?

– Ah, você sabe que eu acordo cedo também e eu estava passando por aqui, por que não correr com meu irmão um pouco?

Passo a mão no cabelo, voltando a respirar mais lentamente.

– Caraca...

Começamos a caminhar e seguimos com a conversa:

– E as embaixadinhas, Kevin?

– Você viu meu canal de esportes? Está bombando!

Assinto:

– Eu vi, maior orgulho do meu irmão mais novo... Quem diria que as embaixadinhas que você fazia desde os doze anos iriam te levar tão longe?

– É... perdi a conta de quantos campeonatos eu participei.

— E de quantos ganhou.
Rimos.
— Lembra quando você foi considerado um dos melhores da Itália?
— Claro, fui patrocinado por grandes multinacionais.
— Não é fraco, não.
"Quanto orgulho eu sinto do meu irmão!"
— É foco, Mano.
— Eu sei. Disciplina. Você sempre foi uma inspiração para mim.
Ele para de andar:
— Eu?
Eu paro também e ficamos de frente um para o outro:
— Kevin, você é meu irmão mais novo, mas desde cedo você soube planejar seu tempo, eu não sei quem ensinou você a usar tão bem o seu dia a dia, nos treinos de futebol, embaixadinhas e em tudo que era importante para você. Olha para você agora!
Ele abaixa a cabeça e sorri:
— Obrigado!
— Eu que agradeço, você serviu e serve de inspiração para mim até hoje. Você nunca deixou de ter persistência e começou muito cedo, sem ninguém dizer para você que tinha que fazer tudo o que fez. Parece que você nasceu com isso. E você é mais novo, cara!
Ele ri e começamos a andar novamente.
— Sabe do que eu lembro, Kevin?
— Do quê?
— Da época que a gente não tinha dinheiro.
Ele me olha de canto.
Eu falo rindo:
— Você usava a bola até gastar.
Ele cai numa gargalhada:
— Verdade, a bola às vezes até rasgava, de tanto uso.
Não tem como não lembrar da nossa época de criança:

CAPÍTULO 6

— O pai apertava as contas para pagar a escola particular para a gente, Kevin.

Ele assente:

— É, eu sei. E a gente ficava longe da escola.

— Cinco quilômetros.

— Eu ia de bicicleta para ajudar o pai.

— Eu sei.

— Todo mundo naquela escola parecia que tinha carro, grana, tevê a cabo, a gente não tinha nada daquilo.

— Mas tinha amor.

— Sempre.

Eu me sinto emocionado, mas volto a falar do meu irmão:

— Bom, e sobre você, até hoje você dedica tempo de qualidade para o seu desenvolvimento.

— Sim, mas hoje para o pessoal também.

— Sempre foi o pessoal, você desenvolveu foco, disciplina e persistência o tempo todo.

Ele concorda balançando o pescoço:

— Verdade.

Vejo meu irmão pôr as mãos na cintura e balançar as pernas e os pés no ar, um de cada vez:

— Bora apostar uma corrida?

Faço os mesmos movimentos e provoco:

— Ah, você quer perder logo cedo?

— Ué, você não falou que tem orgulho do irmão mais novo?

— Mas isso não significa que eu vou deixar você ganhar.

Ele alonga os braços para cima e pergunta:

— Até onde?

— Até o fim da rua, na padaria, que eu tenho que comprar pão.

— Para as princesas?

— Lógico!

— Bora, súdito!

Eu grito:
– Bobo da corte!
Ele sai em disparada.
Eu corro atrás:
– Você saiu na frente, não vale.
Eu corro muito e sinto meu coração acelerar.
– Bora, mano, bora.
Olho para ele, rio e ele tenta passar na frente, mas mantemos um do lado outro.
"Corre, Bruno, corre!"
Acelero e ele acelera também.
"Olha a padaria já!"
– Chegamos, suados e respirando feito loucos:
– Não acredito, chegamos juntos.
Ele bate no meu ombro:
– Nós sempre estivemos juntos, cara!
Olho em seus olhos e balanço a cabeça.
"Nós sempre estivemos juntos, caraca!"
Ainda que fisicamente nós não tenhamos estado juntos a vida inteira, o amor de irmão sempre esteve dentro da gente, nos unindo por aquele fio invisível que nos liga para sempre em quem a gente ama.

Persistência

Aquilo que diferencia as pessoas que alcançam os seus sonhos daquelas que sequer tentam fazer alguma coisa chama-se persistência.

Há um provérbio japonês, que diz: *"Caia sete vezes; levante-se oito"*.

Não é preciso muita inteligência e nem tempo de vida para se perceber que tudo que queremos na vida leva tempo, sequências de tentativas, erros e acertos. Quando estudamos grandes nomes da história, constatamos facilmente uma jornada de cair e levantar, tentar

CAPÍTULO 6

e não conseguir, errar demasiadamente, para muito tempo depois se chegar ao sonho realizado. É assim que a vida funciona.

Nomes famosos da história são, na verdade, de pessoas comuns, que sofreram e foram desacreditadas, antes de atingirem seus objetivos. Antes delas alcançarem suas vitórias, sofreram inúmeros fracassos. Dentre elas, estão Walt Disney, Henry Ford, Ludwig van Beethoven, Charles Darwin, Thomas Edison, Albert Einstein, Abraham Lincoln e Steve Jobs. Nomes que, antes de se tornarem reconhecidos, foram desacreditados pelas pessoas à sua volta e, por vezes, ridicularizados e humilhados. Steve Jobs foi mandado embora da própria empresa que criou. E um tempo depois retornou, a elevando ao *status* de maior empresa de inovação do mundo na área de aparelhos celulares e afins.

Por que esses homens fizeram a diferença? Porque acreditaram neles mesmos, quando ninguém mais apostou nessa certeza. Ainda que tenham errado, tentaram de novo. Se erraram mais uma vez, se reergueram em força e esperança e tentaram de novo. Até conseguirem!

Lembra quando você ainda era um bebê e deixou de engatinhar para dar seus primeiros passos? Provavelmente não, mas basta pensar numa criança quando aprende a andar. Ela cai várias vezes, se machuca e chora, mas tenta de novo. Até conseguir! E depois o mesmo acontece quando aprendemos a andar de bicicleta, skate, moto, relacionamentos, estudos e todo tipo de novidade e desafio.

Existem pessoas que tem tanto medo da derrota que sequer tentam ou ousam sonhar. Sentem-se tão desencorajadas pela dinâmica da vida, da necessidade da persistência, que ficam sempre no mesmo lugar.

E você? Está se movendo, tentando, errando e começando de novo? Ou está parado, cansado só de pensar?

Reflita e reveja o seu posicionamento em relação à vida.

Quem ganha ou perde é você!

Quem você quer ser na vida?

SAINDO DO ZERO

Aproveite ao máximo cada momento, lugar e pessoas que cruzarem seu caminho, por mais simples que pareçam

Entro na cozinha com meu irmão e falo todo animado:
– Ju! Ju! Olha quem está aqui!
– Eu vi, amor, ele passou aqui primeiro.
Olho para os dois:
– Verdade, né? Como é que você ia me achar assim?
Eles riem da minha cara.
Ajudo a Ju a terminar de colocar a mesa e o Kevin se senta. Percebo-o olhando ao nosso redor:
– Que foi, Kevin?
– E o famoso Seu Zé? Cadê ele?
"Verdade. Cadê a peça?"
– Não sei, deve estar se arrumando ainda.
– Aposto que você faz Seu Zé acordar cedo também.
– Tem que entrar no ritmo, cara, saber aproveitar o tempo.
– Tá certo.
Eu me sento na frente do meu irmão e me sirvo com café e pão. Ele faz o mesmo.
Falo de boca cheia, cochichando:
– Eu tenho uma surpresa hoje para o Seu Zé.
– Que surpresa?
– Segredo!
– Bruno!
Falo mais alto e rindo:
– É segredo, cara! Mas ele vai gostar.
Meu irmão balança a cabeça para os lados e me pergunta com o semblante sério:
– Você não acha que já está na hora dele sair daqui? A pandemia praticamente já acabou, Bruno.
Faço um estalo com a boca e aponto o dedo para ele:

CAPÍTULO 6

— Bingo! Tem a ver com isso.
Meu irmão dá uma mordida no pão e comenta, ainda mastigando:
— Você sabe o que faz, Bruno. Tenho certeza de que você sabe o que tem que fazer.
Dou um tapa na mesa:
— Para de falar de boca cheia, Kevin, que feio!
— Feio é você, seu desdentado.
— Ex-desdentado!
Rimos.
A Ju interfere:
— Gente, vocês parecem duas crianças brigando.
— Vem sentar com a gente, Ju!
Ela senta e nós continuamos o momento em família, com amor e alegria!
"Obrigado, meu Deus!"

Tempo, foco e disciplina sem negligência

Utilizar bem o seu tempo não tem a ver com você se tornar um robô. Aos olhos alheios, pode até parecer que sim, que você está tão focado e disciplinado, que só pensa em trabalho, mas não importa o que os outros pensam, continue focado em você.

Quem tem boa organização do tempo sabe que a hora do trabalho é sagrada e não se distrai, bem como o café da manhã não passa por intervenções de telefone, assuntos profissionais ou qualquer coisa que seja fora do âmbito familiar.

A pessoa que atingiu o nível de uma agenda eficiente faz com que sobre mais tempo para ela, e melhor: tempo de qualidade, porque quem cumpre as tarefas do dia dorme tranquilo, sabendo que fez o que tinha de fazer. Por outro lado, quem passa o dia se distraindo, ainda que de forma inconsciente, com redes sociais, fofocas ou relacionamentos sem fim, quando põe a cabeça no travesseiro, se lamenta por não estar com a vida em dia, mas toda bagunçada.

Por trás de um bom foco profissional, sempre tem uma pessoa que sabe a hora de ter o foco no lazer. E antes disso tudo, costuma ser alguém que já se estabeleceu num relacionamento afetivo de qualidade, mesmo que seja apenas consigo mesmo, isso porque uma pessoa que não tem essa área da vida bem resolvida perde tempo e energia pulando de galho em galho, roubando o foco que precisa para crescer em outras áreas da vida.

Analise a história pessoal dos grandes nomes da história, a maioria deles se casou cedo e se manteve assim, numa relação que lhe permitiu estabilidade emocional. Esse é um pilar importante, pois uma vez que você está resolvido com isso, não precisa gastar tempo e energia para resolver questões emocionais, mas o contrário, tem alguém para apoiar seus projetos!

Reflita sobre isso, e uma vez que você já tenha um bom relacionamento, saiba que ele merece muito do seu foco, mas para tudo: horário! Agenda!

Organize sua vida e se lembre que todo tempo é sagrado: do trabalho, da saúde, do emocional, da família, dos amigos e de você com você!

Cuide-se! Cuide do seu tempo, da sua energia, do seu foco, seus pensamentos!

Ninguém irá olhar a sua agenda e vida no seu lugar!

E esse é o poder da autorresponsabilidade. É por meio dela que se adquire foco, disciplina e persistência! Eles andam de mãos dadas!

Você é responsável por seus méritos e fracassos. E acredite: isso começa na sua agenda!

Você tem agenda?

Ganhe o respeito dos gigantes tendo ousadia de se aproximar

Depois do meu irmão ter ido embora e eu ter terminado o café da manhã com as minhas princesas e as ter levado na escola, eu finalmente estou no meu escritório.

CAPÍTULO 6

"Hoje vou ser ousado!"
Falo para mim mesmo:
– Você sempre é ousado, Bruno!
Bato a mão no peito, orgulhoso!
"Quer saber? Eu sou mesmo! Me parabenizo!"
– Parabéns, Bruno!
Rio sozinho.
"Às vezes acho que sou meio louco."
– Tá bom, um louco feliz, pelo menos!
O doido chega:
– Bruno, tem tarefa para mim hoje?
– Bom dia, né, doido? Dormiu comigo?
Ele ri.
– Bom dia, tudo bem? Jamais dormiria com você.
Levanto:
– Vem aqui, Seu Zé!
Espero ele se sentar na minha frente e paro tudo o que estou fazendo:
– Hoje eu tenho um assunto sério para falar com o senhor.
Ele fecha o semblante e tenho a impressão de que ele ficou com medo.
– Calma, Seu Zé, é coisa boa.
Ele solta o ar represado no peito:
– Ufa.
Eu rio.
– Não confia em mim mais, meu amigo?
– Confio, mas é que agora que a pandemia acabou...
Eu cruzo as mãos sobre a mesa e o interrompo:
– É sobre isso mesmo que eu quero falar, Seu Zé.
Ele arregala os olhos e fica mudo.
"Está com medo, coitado!"
– Vou alugar uma casa para você retomar sua vida e continuar trabalhando para nós.

— Como assim, Bruno?
— Olha, eu pensei, quero que o senhor tenha seu próprio espaço.
— Sério, Bruno?
— Claro, o que o senhor acha?
Ele fica boquiaberto, me olhando:
— Eu não sei nem como agradecer. Você já me ajudou tanto, que eu fico sem graça.
— Seu Zé, não tem que ficar sem graça com nada. O Senhor me ajuda também. E agora o senhor é funcionário, registrado, está reconstruindo sua vida.
— Meu Deus do Céu...
Percebo que ele está emocionado.
Ele balança a cabeça para os lados, ainda de boca aberta.
Eu continuo:
— Você vai ter autonomia, Seu Zé, pode pensar em reconstruir sua vida pessoal tendo seu espaço.
— Você mudou a minha vida, Bruno.
Fico quieto. Percebo que ele precisa falar.
Ele prossegue:
— Você me deu mais do que casa e trabalho. Você me devolveu a dignidade e a vontade de viver!
Ele se levanta. Eu me levanto também.
Ele me abraça como um pai abraça um filho:
— Que Deus te abençoe, meu filho. Eu espero um dia retribuir tudo o que você já fez por mim.
Ele me olha agora nos olhos, marejados:
— E continua fazendo. Obrigado.
— Estamos juntos, Seu Zé!
Eu me sento e tento quebrar o clima emotivo:
— Quando o senhor quer ir para lá?
— Ah, por mim, pode ser hoje mesmo.
— Então arruma suas coisas, para ir para sua nova casa!
— Você não existe, Bruno!

CAPÍTULO 6

– Existo sim!
Ele ri e sai.
"Obrigado, meu Deus! O que seria da minha vida se não tivesse a oportunidade de mudar a vida de outras pessoas? O que o Senhor me dá, eu consigo dar a alguém, isso é renovador, me dá vida!"
Balanço a cabeça, indignado, e falo sozinho:
– Por que as pessoas não enxergam isso?
"É tão óbvio, simples!"
– Mas não...
Continuo balançando a cabeça e volto ao trabalho.
"Não perca o foco, Bruno!"
– Onde eu estava mesmo?
Respiro fundo, voltando a atenção plena para o trabalho.
– Ah, sim, hoje eu ia ser ousado.
Rio sozinho.
Entro no Instagram da Gisele de Paula e envio uma mensagem para ela.
– *Vamos fazer uma live juntos, por favor? Me dá essa força? Sei que eu sou pequeno ainda, mas é por pouco tempo!*
"Pronto! É um bom começo: transparência!"
Fico pensando com os meus botões.
A Gisele de Paula é a cofundadora do site Reclame Aqui e do Instituto Cliente Feliz, e ela está sempre fazendo *lives* com grandes empresários do Brasil, é muito importante ter ousadia em tomar essas atitudes e gratidão quando elas funcionam, além do reconhecimento por todas as pessoas que passam pelo nosso caminho.
"Minha nossa. Já?"
Vejo que ela respondeu:
– Bora, Bruno! Semana que vem?
Dou um pulo da cadeira:
– Ela respondeu, ela respondeu! Ela topou!
"Não acredito!"

Em meio a tantas pessoas importantes com quem ela fala, aceitou fazer um evento *online* comigo.

"Obrigado, meu Deus!"

A *live* foi um sucesso.

E a minha gratidão também!

O uso do tempo no *networking*

Quando se pensa em organização de tempo, muita gente imagina um executivo que fica correndo de um lado para o outro, fazendo várias atividades ao mesmo tempo, sem atenção real a tudo que faz, focando em uma coisa se cada vez.

Tem gente que trabalha assim mesmo, mas não é necessário. Não existe nem certo e nem errado, desde que se seja produtivo e se tenha boa distribuição do tempo em todas as áreas relevantes da sua vida.

Para mim, o *networking* tem se mostrado essencial na minha trajetória de crescimento.

Durante a pandemia, eu investi tempo na minha tribo. Lembra que somos a soma das cinco pessoas com quem mais convivemos? Nunca se esqueça disso! E selecione as pessoas ao seu redor. Escolha, se possível, pessoas melhores do que você em pelo menos uma coisa, assim você aprende com ela. E compartilhe o que você tiver de melhor para retribuir o que recebeu.

A cada vez que eu ousei falar com alguém maior do que eu e tive sucesso, eu fui bem-sucedido mesmo antes de obter uma resposta, pela coragem de simplesmente tentar. E quando consegui o feito, foi uma segunda vitória. Ter a possibilidade de ter pessoas profissionais em ascensão ao nosso lado é como pegar uma onda no mar e fazer o velho e conhecido jacaré, você surfa, pega carona com aquilo que já está em movimento.

Ser grato a essas conexões também tem uma energia muito importante, a da gratidão. Saiba ser grato por tudo que lhe acontece na vida, sejam coisas boas ou ruins, porque as boas a gente celebra e com as ruins a gente aprende e cresce. Tudo é válido e nada é em vão.

Continue suas conquistas em relação a sua tribo. E saiba passar adiante o que recebe. Tudo que vai um dia volta.

A gente realmente colhe o que planta.

O que você está plantando na sua vida hoje?

Sabendo disso, pode ou não temer a colheita!

O que você sente quando pensa nisso?

Reflita!

E, se necessário, aja!

Com *networking* correto você desvia até um helicóptero

Eu estou esperando um helicóptero me pegar em casa, em pé, na área do heliporto.

"Eu não acredito que você conseguiu, Bruno. Parabéns, cara!"

Chacoalho a cabeça para os lados, orgulhoso do meu feito!

– A Carol Paiffer, cara. A *Shark* tubarão num helicóptero, passando na sua casa. Que demais!

Vejo o helicóptero chegando e o barulho que ele faz.

"Obrigado, meu Deus, me abençoe!"

Depois de muito vento e barulho, eu entro:

– Bom dia, Carol, tudo bem?

Cumprimento o piloto e agradeço.

Rapidamente, penso em todo o trabalho que tive para conseguir essa proeza. Eu estudei um pouquinho a vida dela, qual seria a sua agenda, e descobri que ela iria para um evento em São Paulo, em Ribeirão Preto. Entrei em contato com o pessoal do evento e me coloquei à disposição para levá-la e ajudar a todos nessa jornada. Então eles me falaram que ela iria de helicóptero. Entrei em contato com pessoas que eu conhecia e consegui descobrir como eu poderia fazer para desviar o helicóptero para passar na minha casa e me pegar também.

– Que demais – solto.

– Quê? – ela pergunta.

— Estou feliz de te conhecer, Carol. Me fala sobre o evento que você está indo!

Conversamos duas horas até chegar ao evento. São horas de valor criadas após pesquisa, conversa, contatos e ousadia. Além do retorno, com mais duas horas de conversa.

"Não tem preço, meu Deus!"

Ficamos no mesmo hotel e jantamos juntos, quando eu finalmente fiz um *pitch* de vendas com a *Shark*. Primeiro a conquista, a simpatia e educação, depois o trabalho bem-sucedido! Esse é o segredo! Não se chega oferecendo algo do nada, primeiro a gente conquista a confiança da pessoa. E depois segue em frente num *networking* quiçá para a vida toda!

Tempo é energia

Para tudo na vida existe o tempo certo.

Tempo e foco.

Se há hora certa de focar no trabalho e hora certa de focar no lazer e na família, também há hora certa para estar atento às oportunidades.

Por exemplo, você não vai comprar ações quando todos já estão comprando, é tarde demais. Você compra quando elas estão em queda e não tem ninguém valorizando aquelas ações, aí você compra num valor baixo, não pode ir em uma onda qualquer. Tem que estudar, pesquisar, se informar. Ninguém se torna bem-sucedido por sorte. Existe trabalho, reflexão, estudo, tapas na cara, sim, mas não por falta de estratégia, mas de experiência. Uma vez que você percebe o valor que existe em estar atento, nunca mais perde boas oportunidades.

A organização do seu tempo influencia sobre como e o quanto você vai ganhar em dinheiro e experiência. E não é só isso. A sua disciplina e seriedade sobre esses temas levam você a ser uma pessoa forte, de autocontrole, com domínio nos negócios e sobre você mesmo.

CAPÍTULO 6

Na vida, sempre existirão altos e baixos, dias bons e ruins. Num dia se ganha, noutro se perde, nem tudo que planejamos dá certo, pelo contrário, mas conforme seguimos, persistimos, nos tornamos pessoas de fé e não falo apenas de espiritualidade, mas na dinâmica da vida.

Algo do tipo: *"Tive sorte e quanto mais eu trabalho, mais eu percebo o quanto a sorte me acompanha!"*

É por aí!

A prática da disciplina, foco e organização do tempo molda você mesmo, suas crenças, seus pensamentos e seus hábitos. São pequenos detalhes que irão fortalecendo você e moldando a sua força a cada dia. Não deixe de acreditar um dia sequer naquilo que você deseja alcançar. E não desista por nada.

Cansou? Descanse! Teve um dia ruim? Permita-se fazer algo para esquecer o que o desanimou, mas no dia seguinte ou assim que possível, siga em frente.

Tempo é importante para os negócios, quando você está abrindo algo novo, tem que estar esperto, estudar o mercado amplamente para não fazer o que já não faz mais sentido. Ou seja, se na sua rua tem várias drogarias, você não vai abrir uma drogaria nova, veja o que ainda não foi feito ali e o que falta na região.

Com isso, cuidado com o passar do tempo, para não cair numa zona de conforto. Em outras palavras, assim como a prática pode levar à perfeição, pode também levar à ruína, se você não se reciclar e se renovar constantemente, praticando ano após ano, sem mentores, sem subir de nível.

Não caia na mesmice! E nem na arrogância, todos temos que nos atualizar e crescer: constantemente!

Quando foi a última vez que você investiu num processo de mentoria?

Atualize-se!

SAINDO DO ZERO

Sair do zero leva tempo, o mais importante é não desistir nos dias difíceis

Muito tempo se passou.

Seu Zé está morando na sua nova casa, se esforçando ainda mais para cuidar do Baú da Alegria. Foi uma decisão muito acertada!

Eu estou mais uma vez num evento de grandes palestrantes.

"Eu sou grande agora. Não em relação aos outros, mas em relação a mim mesmo. Olha o quanto você cresceu, Bruno!"

Suspiro e foco no que estou dizendo à plateia.

– É isso, gente. Eu tinha tudo para ser um atendente de supermercado, um funcionário de fábrica, um vendedor ambulante ou coisa do tipo. E não tem nada de errado nisso, mas eu quis ir mais longe.

Olho para eles e percebo que estão conectados com a minha história.

"Que demais! Obrigado, meu Deus!"

Eu continuo:

– Hoje, eu tenho meus próprios negócios, gerando empregos, o carro que sempre sonhei ter, faço as viagens com minha família e nunca deixo de me lembrar dos tantos dias que fui à escola de bicicleta, mesmo cansado, às vezes com fome ou com frio, para ajudar meu pai a economizar. Eu não passei a vida me lamentando pelo que não tinha. Eu decidi olhar para o que queria ter e como faria para conseguir isso. Para onde você está olhando hoje? Para o que não teve, fazendo lamentações? Ou para o que você quer ter e fazer? Você está pensando em como vai conseguir tudo isso?

"Adoro fazer essas provocações, perguntas que tocam a alma das pessoas, as motivando a buscar o que elas têm de melhor dentro delas mesmas."

Respiro fundo, andando um pouco pelo palco.

Volto a falar:

– Sim, eu saí do zero, mas hoje eu moro na casa que eu gosto, cheguei ao ponto de ter o privilégio de alugar uma ilha no aniver-

CAPÍTULO 6

sário da minha esposa, para agradecer tudo que ela é para mim, pois foi ela quem me apoiou todos esses anos, nos altos e baixos, nas minhas ideias loucas e nos momentos de desânimo. Ela nunca desistiu de mim.

Paro e olho para ela, que está sorrindo.

Continuo:

— E quando eu comecei a ganhar dinheiro, jamais pensei em trocá-la por uma mais nova ou alguém que pudesse ser diferente dela. No seu aniversário, quando aluguei uma ilha inteira, fechei uma parte de Ubatuba para minha família. Isso é amor, gente, reconhecimento, parceria, gratidão. Não espere menos para sua vida do que isso. Alguém que ajude você a crescer. Se você é do tipo de pessoa que fica pulando de relacionamento em relacionamento, ou pior, tem vários ao mesmo tempo, repense! Onde você está investindo sua energia? Ou está jogando energia fora?

Percebo alguns olhos arregalados e pessoas se remexendo em suas cadeiras.

"Ponto fraco. Eu sei."

Limpo a garganta, me movimento um pouco e volto a argumentar:

— Minha vida deu tão certo, que eu consegui conquistar tudo que sonhava e também agradecer às pessoas que me ajudaram nesta jornada, meus pais, meu irmão, minhas filhas, meus colaboradores, meus amigos e parceiros profissionais. Uma forma muito importante de agradecer, que eu espero que você nunca esqueça, é de agradecer a Deus.

Vejo o incômodo na plateia.

"Nem tudo mundo acredita num Deus, mas eu acredito. Muito!"

Continuo:

— Se você não acreditar em Deus, apenas leve em consideração a dinâmica da vida. Tudo que ela dá para você, você deve retribuir com prazer, compartilhando com outras pessoas. Compartilhe o que você sabe, compartilhe seu sorriso, compartilhe suas experiências de vida, ajude a quem precisa, principalmente se isso acontecer na sua frente.

"Lembro de como conheci o Seu Zé e olho para ele na plateia, em agradecimento por sua presença na minha vida."

Prossigo:

– Ajude uma ONG, um orfanato, não para postar foto no Instagram, mas para você plantar sua gratidão em solo fértil.

Percebo o sorriso dos meus pais, da minha esposa e das minhas princesas na primeira fila.

Sorrio.

"Não consigo me conter de emoção!"

Volto ao meu discurso:

– Comemore suas vitórias, sim, mas não é só isso. Comemore também doando um pouco do que você conquistou, com amor! Não como marketing pessoal. Tenha a coragem de ser bom para um desconhecido, sem medo se aquela pessoa vai usar de maneira positiva a sua ajuda, apenas faça sua parte. Isso retorna para você.

Estralo o pescoço para os lados, sentindo a energia do lugar.

E me preparo para finalizar:

– A vida é um eterno aprendizado, uma onda de dar e receber. Não queira apenas receber. Se você acreditar que é tão bom a ponto de apenas receber da vida, cedo ou tarde vai ter uma grande queda. Retribua à vida, torne-se uma pessoa melhor, influencie as pessoas a sua volta com bons exemplos, só isso torna o mundo melhor. E o mundo precisa disso.

Vejo pessoas assentindo na minha direção.

Continuo:

– Eu percebi que tinha uma história com tristezas, mas não tinha tristeza dentro de mim. Foi uma boa escolha que eu fiz! Desejo que vocês possam refletir sobre isso e escolher em que direção querem seguir com a vida de vocês. Muito obrigado!

As pessoas se levantam e batem palmas.

"Eu fico emocionado, é uma explosão de energia, boa vibra-

CAPÍTULO 6

ção, o retorno do meu trabalho, da vontade que existe em mim em compartilhar o que aprendi e ver outras pessoas conseguindo o mesmo."

"Obrigado, meu Deus!"

Faço uma reverência com meu corpo e agradeço novamente:

– Obrigado!

Olho para a minha família:

– O maior obrigado a meus pais e à minha família, que estão aqui hoje!

Aponto para eles:

– Seu João Antunes, Dona Maria Dione, meu irmão Kevin, minha esposa Juliana e minhas filhas Emanuela e Emily. Vocês são tudo para mim.

"Obrigado, Senhor. Muito obrigado!"

Exercício

1 – Como você administra o seu tempo hoje? Você tem uma agenda virtual ou, ao menos, de papel?

_____
_____
_____
_____
_____

2 – Você é o tipo de pessoa que para com a finalidade de dar uma olhadinha nas redes sociais e, quando volta, percebe que passou muito mais tempo nelas do que havia planejado passar? Como você pode melhorar esse comportamento? Muitas pessoas têm deixado sua produtividade

baixa por esse motivo. Esteja atento a si mesmo e repense como você pode se organizar para não se perder na Internet.

_____
_____
_____
_____
_____

3 – Quando você está em casa, com sua família, consegue dedicar seu tempo às pessoas que você ama? Se você ainda é sozinho, quando está com tempo livre, sabe dedicar esse tempo a você mesmo de forma produtiva?

_____
_____
_____
_____
_____

4 – Como está a sua saúde? Quanto tempo tem dedicado ao seu corpo? Quando foi a última vez que fez um *check-up* médico? Você faz esporte com regularidade? Como pode acrescentar esse tema em sua agenda caso esteja em falta com você mesmo?

_____
_____
_____
_____
_____

CAPÍTULO 6

5 – Preencha a tabela a seguir com a maior transparência possível. Quem ganha é você!

Área da sua vida	Como está hoje na sua agenda?	Como pode melhorar?
Profissional		
Familiar		
Lazer		
Saúde		
Relacionamentos		

"MINHA ENERGIA POSITIVA É O QUE PREVALECE E EU SEREI VITORIOSO DENTRO DESSE UNIVERSO FELIZ."

EDSON RUFO

CONCLUSÃO

Nesta jornada, eu compartilhei com você uma história baseada em fatos reais misturada com um pouco de criatividade. O Seu Zé propriamente dito não existe, mas muitos passaram pelo meu caminho e você poderá ver o depoimento deles a seguir, sobre a experiência que tiveram comigo. O Seu Zé é uma soma de todos eles!

Segui este caminho com você para mostrar os princípios que me ajudaram a chegar aonde eu cheguei: o Propósito, o *Branding Pessoal*, o Poder das Conexões, a Tribo, *Headline* e o Tempo.

Tudo na vida depende do foco que você dispensa ao que você quer. E cada princípio é um pilar naquilo que você constrói a cada ação, com um tijolinho por dia, numa construção final que pode ser até maior do que você sonhava.

É claro que você pode decidir ser uma pessoa que prefere ficar na zona de conforto, mas lembre-se que aí nada acontece, você não sai do lugar e isso também afeta as pessoas que você ama. O quanto você quer proporcionar aos seus filhos, ao seu cônjuge, netos, amigos e a si mesmo?

Ninguém é obrigado a sair do lugar, mas caso você opte por isso, tenha certeza de que, se seguir este caminho, terá sucesso em tudo o que fizer, desde que aja com disciplina, persistência, foco e gratidão!

SAINDO DO ZERO

Sinta-se grato a Deus, à sua família e a todas as pessoas que um dia ajudaram e ainda ajudam você. Tudo que emanamos volta para nós mesmos!

A vida é um eterno jogo de equilíbrio, subimos e descemos constantemente, nos equilibrando entre os dias bons e ruins, as fases felizes e tristes. Que toda subida seja motivo de celebração para você. E toda descida, um aprendizado. Nada é motivo para desistir, apenas para crescer!

Se você quer aprender ainda mais comigo, leia o meu próximo livro, *Empreendendo sem dinheiro*, acompanhe meus cursos, palestras e redes sociais, onde compartilho dicas incríveis sobre como sair do zero e chegar ao milhão!

Obrigado por confiar em mim!
Gratidão!
Deus abençoe você e sua família!
Sucesso e amor!